社会学的思考力

大学の授業で学んでほしいこと

井上孝夫

新曜社

目次

はしがき　1

第1章　大学生の始め方――知的創造の世界へ……7

第2章　「社会学概論」講義の組み立て……21

1　「社会学概論」の位置づけと目標
2　まず授業――学生は授業中に何を行なうのか
3　レポート提出と出席
4　中間試験と期末試験
5　授業アンケートの概要と回答結果
6　成績を規定する要因
7　今後の課題

第3章　自学自修の原則……47
1　大学授業の基本スタイル
2　原則からの逸脱と対応策
3　自学自修型の授業スタイル——再び「社会学概論」から
4　自学自修型授業の成績評価
5　危険な誘惑
6　自学自修型授業の成果
第4章　記憶力から思考力へ……84
1　「社会学概論」試験問題の出題意図と解答の分析
2　思考を拒否する授業——高校の場合
3　死んだ授業——小中学校の場合
4　ごまかし勉強
付記　小中高校教員の聴講レポートから

第5章　社会学演習――講読・調査・個人研究……113
1　演習の一般的形式
2　講読型演習の成果――三年目にみる精神の発展
3　調査型演習の試みと報告書
4　個人研究型演習の試みと発表
5　三つの演習型の利点と課題
付記　武久川住民意識調査

第6章　社会学の独自性とは――主意主義的視点……138
1　社会学とはそもそも何か――二重の視点
2　制度の背後にある根本的要因
3　社会現象の型と本質――河童伝説の謎解き
4　資本制社会の社会学
5　社会の総体を把握する社会学

第7章　大学生の最終関門――卒業試験と卒業論文 …… 172
1　架空の卒業試験
2　卒業論文を書く
3　学問することの意味
付記　卒業試験問題のヒント

あとがき　198

参考文献　(iv)〜(ix)
事項索引・人名索引　(i)〜(iii)

装幀　川邉　雄

はしがき

一九九一年四月、大学設置基準が大綱化された。一種の規制緩和なのだが、これ以後、各大学、各学部は既存の枠組みから離れて、独自の改革を求められていくことになった。その頃、教授会の席で、学長から次のような言葉があった。「これまでは研究7、教育3だったが、今後は教育7、研究3にしていかなければならない」。簡単にいうと、授業に力を入れなさい、という趣旨である。とはいえ将来の課題を展望するといった雰囲気のなかで語られた言葉だったので、大学の授業が急に変わるというわけでもなかった。

授業にかかわる一連の改革の一つとして、「**学生による授業評価**」が課題として浮上してきた。これも、すぐにどうこうというわけではなかった。大学教員のなかにはすでに学期の最後に学生に授業の感想を求めていた人もいて、学生の意見を取り入れて授業を改善していこうとする意識もあった。そういった個別の試みを制度化しようというのである。また、授業評価に先駆的な試みを実施している大学もあった。教授が一方的にぼそぼそとしゃべっているだけで、話が聞き取れず、何をやっているのかわからない、といった学生側からの苦情に応えよう、というのが動機である。

これは大学教授の自虐的行為とみなすこともできるだろう。かつて大学にはその種の講義を平然とやってのける教授がいたのである（いまはいないと思いたい）。たとえば、一九八〇年代半ば頃、学部から大学院に進学してきたT君から次のような話を聞いたことがある。

T君が在籍した学部では、経済原論が必修科目の一つになっていた。担当教授はその筋では知られた人だったが、授業は教授がつくったタイプ印刷のテキストを読むだけだったという。必修科目だから数百人の学生が受講登録しているのだが、テキストを読むだけの一方向的な授業だったので、回がすすむごとに出席者は減り、常時出席しているのは20人ほどになってしまった。あるとき、前列に座っていたまじめな学生が数人で教授のところに詰めかけ、「先生、もうテキストを読むのは止めてください」と願い出たが、聞き入れられず、結局従来どおり、読むだけの授業がつづいた――

次の機会に、その授業で使われているテキストを見せてもらうことにした。そして唖然とした。マルクスの『資本論』第一巻の要約だったからである。そして頁をめくっていくと、その要約は第一二章「分業とマニュファクチュア」のところで突如終わっていた。なぜここで終わっているのか全く理解できなかった。もしかすると、要約を書きつづける意欲がなくなったのかもしれない。いずれにしても、他人の著作をただ要約しただけのテキストによる、ひどい授業だなと思ったものだった(1)。

これはほんの一例だが、学生による授業評価は、もともとこの種の授業に対する学生の苦情や要望を取り込もうとする意図で制度化されたのである。だがそこには問題もあった。授業の方法や内容にかかわらず、授業にまともに参加しない学生が多数いたからである。「アメリカの普通の大学のように、学生がみな必死で勉強するのが当然であれば、学生が先生の教え方を批評するのも十分意味があることです。しかし日本のように、マトモな学生が一〜二割しかいないところで学生に授業評価させるのは、まだ二〇年早いという気がします」（大礒 1996: 120-121）、という指摘はこの点を衝いている。

では、この指摘から二五年が経過して、学生もまじめに勉強するようになったら、授業評価は妥当性をもつのか。そこには依然として原則的な問題が残されている。

この指摘では、授業評価が教授の教え方に対する批評と同じものとみなされている。だが授業における教授と学生の関係は、「わたしつくる人、ぼく食べる人」(2) というような**分業関係ではない**はずである。確かに授業の主導権はとりあえず教授の側にある。だが実際に授業をつくる**主体は**、**教授と学生の双方**である。**大学は学問の場であり**、**真理を追究する場**である。そこから日々の授業も、教授と学生がともに真理を探求しようとする場となるのである。その意味で、学生には能動的な参加が求められている。それを裏づけるのが「**自学自修**」の**原則**である。学生は授業の場においてその成果を発揮するべきである。わかりやすくいえば、授業以外での学修の成果を確認し、発展させるのが大学の授業なのである。

このような発想に立つとき、先の経済原論の授業はどのように改善すればよかったのか。「先生、読むのは止めてください」という要望に対して、読むのを止めなかった教授の答えは「これよかでけんもんで」（鎌田 1977: 170）だったのかもしれない。それに対して学生はどうすべきか。「先生のテキストの章ごとに分担を決めて、学生がその内容と問題点を発表します。先生はそれに対してコメントしてください」といえないだろうか。その種の提案に対して、もしも相変わらず「これよかでけんもんで」などと回答したら、その教授は大学で授業を行なう資格はない。だが「教授」である以上、それまでの人生のなかで一度は真剣に学問に取り組んだことがあるはずである。その経験を生かしてもらう余地はまだ残っている、と考えたいのである。

いずれにしても、教えることと学ぶことのあいだに分業体制が敷かれ、緊張感をなくした授業では、頭が鍛えられることはない。そのうえ、**暗記力**と**思考力**は必ずしも対立するものではないが、勉強することが前者に傾き過ぎている現状もある。その大きな原因は、大学入学試験における**知識偏重**である。さらに今日では、過剰サーヴィスがあらゆる場面で見られ、マニュアル化がすすんでいるため、未知の状況に出くわしたときに適切な判断ができるのか、といった問題もある。情報は過剰なほどあるけれども、思考や判断のために必要な情報はかえって見えにくくなっている。

さまざまな**情報を取捨選択して、事態の本質を見抜く思考力**が求められているのである。こうした状況のもとで、こと社会現象に関しては、いまこそ社会学の出番ではないか。社会学の総合性と独自の視点をもう一度見直して、**社会学の授業をつうじて頭を鍛える方法**を考えていきたい(3)。

注

(1) ちなみにこの教授の研究はどうかというと、一九七七年に公表された「K・マルクスにおける『生産様式』の概念について(一)」が最新のものだった。(一)とあるからには当然続編があるはずなのだが、それはついに公刊されることはなかった。そのことについて、中村静治は一九八五年の時点で、(一)で提起されている方法論に問題があり「立ち往生しているのではあるまいか」と指摘している（中村 1985: 142-144）。

（2）このフレーズは一九七五年に放映されたインスタントラーメンのテレビＣＭ（ハウス食品）でのせりふである。女性が「つくる」、男性が「食べる」という設定だった。それに対して当時、固定的な性別役割分業を示唆するものとして議論が巻き起こった。

（3）本書では、わたしが一九九〇年代から行なってきた「社会学概論」「社会学特講」「社会学演習」などの授業に沿って論じる。これらは社会科（中学校・社会科および高校・公民科）の教員免許取得の必修ないし選択必修科目である。また、本書でいう授業とは、大学設置基準の規定に則り「講義、演習、実験、実習若しくは実技のいずれかまたはこれらの併用」の総称である。

第1章　大学生の始め方——知的創造の世界へ

■まず、覚悟が必要だ

長い受験勉強を経て大学の合格通知を受け取ると、開放感に満たされることだろう。その日は一日、家族や学校の先生そして友人からの祝福を受け、喜びに浸ることになる。だが、いつまでもうきうきとしている場合ではない。これからは小中高校までとは違って、学問の世界にすすんでいくのだと覚悟して、多少の緊張感をもっていたい。

では、まず、その覚悟について先人の言葉から要約しておこう。

「学問の道に王道なし」

ユークリッドがエジプト王・プトレマイオスにいった言葉とされている。王といえども学問することにおいては楽な道はありませんよ、といっているのである。

「わたしが遠くまで見通すことができるのは巨人の肩の上に乗っているからだ」

ニュートンの言葉とされている。学問するとは既存の知のうえに新たな知をつけ加えることである。それゆえ、まずこれまでの知の中味を把握しておく必要がある。先行する学者たちの研究内容を踏まえ、その先を見通すことが学問することの核心である。

「科学の入口には、地獄の入口と同じように、次の要求が掲げられなければならない。ここでいっさいの優柔不断を捨てなければならない。臆病根性は一切ここで入れかえなければならない」

マルクスの言葉だが、後半はダンテの『神曲』からの引用である。マルクス自身、その論説によってプロイセン政府に迫害され、最終的にロンドンに亡命した経験をもつ。社会科学は時の権力に不都合な論点を提示することもある。そのとき、権力を握る側から有形無形の攻撃があるかもしれない。それをあらかじめ覚悟しておけ、というのである。

ということで、以上が大学生になるためのとりあえずの覚悟である。

■入学手続きに行った日――実社会の洗礼（？）

その一方で、大学生になることは実社会の入口に立つということである。すでに選挙権も得て、大人とみなされる。それゆえ自分のすすむべき道は自分で判断して決める。自由度が増した反面そこには責任も伴う。こう考えると、ある種の緊張感も必要になる。

わたしの経験をいうと、それは入学手続きの日から始まった。合格通知を受け取った数日後、入学手続きに行ったのだが、タイミングが悪く、事務室は昼の休憩時間だった。しばらく待たなければならないのか、と思っていたら、二人の学生が話しかけてきた。彼らは東洋思想研究会というサークルのメンバーだと名乗った。そして休憩中なので、食堂に行って話をしましょう、という。こうして大学の構内を案内してもらって、話し込むことになったのだが、彼らの素性はある新興宗教団体の信者であり、「東洋思想」とは名ばかりで、実態は宗教への勧誘をしていたのだった。彼らはいくぶんか熱心に教義を語り、こちらは全く関心がないことを伝えたのだが、意外とあきらめが悪い。そこでいいたくはなかったのだが、その頃有名になったある著作の一節を引いてその団体を批判したら、気まずい雰囲気に変わった。そして話は途切れ、事務室の休憩時間も終わり、無事に手続きを終えたのだった。

こうして入学前だというのに、大学からその本来の趣旨とは異質な「洗礼」を受けることになったわけだが、この種の勧誘はその後も何度かあった。さらに高校の卒業者名簿を使って、電話による「海外旅行」や「英会話」などの売り込みもあった。すべて断ったが、後味はよくない。そしてこれが「実社会」というものだと悟ったのであった。

■大学一年生の頃

もう少しわたしの経験に基づいて話をすすめることにしたい。大学に入学したのは旧大学設置基準の時代だったので、卒業するまでの四年間に必要な科目の単位数は一般教養科目48単位、専門科目76単

（未修外国語と卒業論文の単位を含む）の計１２４単位と決まっていた。一般教養科目の内実は既修外国語8単位、保健体育4単位、そして人文系、社会科学系、自然科学系の各科目が12単位ずつという構成である（その後一九九一年の大綱化で一般教養科目と専門科目の区分はなくなり、科目構成の種別や必修・選択科目の設定は各大学ないし各学部にゆだねられることになった）。入学式後のガイダンスでは「一年生のうちは語学を中心に勉強してください。英語、ドイツ語、フランス語というように三つ選択するくらいの気持ちでね」といわれたことを覚えている。とはいえ三つ選択しても未修外国語の一つは卒業単位には加わらないので、よほどの余裕がないと取ることはできないはずだった。

その語学の授業だが、振り返ってみてこれはよかったと思うのは、ノーム・チョムスキーの変形文法を扱ったテキストの講読だった。担当の非常勤講師の先生が言語学の専攻で、チョムスキーを研究していたのかもしれない。テキストは一見したところでは親しみやすそうではあったが、内容は難解で、一つの文で一〇行近くつづくところもあった。毎時間のレポーターはあらかじめ決められていたように思うが、十分時間をかけて下調べをしても意味が取れないところもあった。そういうときでも、先生はていねいに文の構造を解きほぐし、意味がつうじるまでレポーターの学生につき合ってくれたように思う。この飛ばし過ぎないでていねいにすすむ、というところが重要で、この授業をつうじて身につけたことは、のちに社会学の英語の専門書を読みすすめていくうえで大きな手助けになった。

それに比べて、三つの領域に分かれていた一般教養科目は、おおむね低調だった。登録学生二百人に対して出席者は二十人といった感じで、出席も取らないし、教える側にも覇気が感じられない授業が多かった。そうしたなかで、法学の授業で紹介された岩波新書の『現代日本法史』（渡辺・長谷川・片岡・清水編 1976）を読んだことには忘れがたい思いがある。

題名のとおり戦後日本で制定された法律を時代背景とともに分析した本なのだが、最初に社会の変動法則について論じた部分がある。そこがよくわからない。時間をかけて読んでも理解に苦しんだ。原因はおそらく、なじみの薄い一般的な用語法で語られているためだったはずである。ところが、一年後に再度その部分を読み返してみると、すんなりと頭に入って来るのだった。何だこれは、唯物史観の公式的見解をただ述べたものではないか、といった具合であった。そしてこの一年のあいだに自分のなかで起こった「進歩」を実感したのだった。

一般教養科目はその当時から不人気だった。高校の内容と大して変わらないから出席しても時間の無駄だ、などという学生もいた。しかし高校の学習と大学の学問をつなぐ過渡的な時間が必要なのである。英語も含めて一般教養科目はその時間を保証していたのだった。

■A君の場合

自ら学ぶ大学生になるためには一定の時間が必要なのである。だから大学生になりきっていないうちから、**専門科目**を学ぶことは必ずしも適切ではない。実際、時に、大学受験のための勉強と学問することの区別がつかない学生と出くわすこともある。たとえば、入学して半年以上経つというのに、受験のための世界史で暗記してきた知識をひけらかす学生。自分はこれだけ勉強してきたのだ、と過去の栄光から抜け出ていないのかなとも思う。大学で学ぶうえでは「受験のための勉強」を否定するか、あるいは「必要悪」として割り切ることも必要と思われるのだが。

以前わたしが出会ったA君もそういった学生の一人だった。A君がわたしの授業に出ていたのは一年生の後期のことだった。このときは第一回目の授業で、学問するとはどういうことなのかを知ってもらうために、資料を配って簡単なレポートを書いてもらうことにした。A君は次のようなことを書いた。

大学や社会に出ても、楽しめずにグチを漏らす人の多くは他人まかせ、自ら苦労して楽しみを見つけだそうとしない人なのだと思う。……［中略―引用者］……自分は大学に来てすごく感じているのは自分から何もせず、だれかがやるからいいやと思っている人が大多数だということだ。それでいて大学生活がつまらないといっているから非合理的に感じてたまらない。それは自分の責任だよといいたい。

A君は大学に入学してまだ日も浅いのに、早くも将来は大学院に進学したいと考えており、この文章にみられるように独力で道を切り開いていくという意欲にあふれていたのであった（少なくとも、この文章からはそのように読み取ることができる）。ところがその後、A君は欠席がちになった。授業について行けなくなったのかもしれない。わたしはレポートが提出されればそれを読んで次回の授業に返すことにしていたのだが、出席してこないA君のレポートはずっとわたしの手元に残ることになった。ところが、A君は単位だけは欲しかったのか、学期末のレポートを事務室前のポストに提出していた。だがそのレポートはテーマとは無関係の、苦し紛れとしかいいようのない類の内容になっていた。

現代の大学生はよく勉強しない、大学で何も学んでいないといわれますが、その一因は教授方にもある。……［中略―引用者］……自分も塾の講師をやっているのでそこらへんのことがよくわかるのです。大学に入って授業に失望した人は自分の身近な人では全員（ほんとに一人の漏れもなく、もちろんこの大学以外の人もいる）であり、自分もその一人である。予備校や高校の授業の方が興味をもてたし、勉強での特有の高揚感も味わえた。あれだけの受験勉強をして入った先がこれでは開いた口がふさがらない。

A君は自分の勉強が思うように行かないのは教師のせいだ、という。しかも自分一人ではなく、他人のことまで持ち出してそのようにいっている。しかもこの記述内容は、最初に提出したレポートとは完全に矛盾しているのである（本人は最初に提出したレポートのことなど、とうに忘れているのだろう）。わたしはA君に会ったら、君の考えは間違いだよ、とていねいに説明しようと思っていたのだが、その後、A君とは会う機会を得ず、卒業してしまったようである。

A君が書いてくれた二つのレポートはわたしにとって貴重な資料になった。学生のなかにはA君のような誤解をする学生もいるのだ、と思ったので、翌年の一年生にこの二つのレポートを引用しながら、次のような趣旨の文章を配ったのだった。

一年生のみなさんへ

大学の原則は「自学自修」である。学生は自分の意思で大学に来ているのだからこれは当たり前の話である。子供ではないのだから先生に手取り足取り教えてもらおうなどと考えるのは勘違いである（たぶんそういう人はここにはいないだろう）。しかし「受験のため」という名目で「何ものか」によって勉強を強制されてきた人にとっては、大学における自学自修の世界は戸惑うことが大きいかもしれない（ああしろこうしろ、といってくれる人は、いないのだ）。

大学という世界は高校、予備校とは異質な「知的創造の世界」である。だから「勉強における高揚感」などというものは基本的には自分の世界で一人密やかに味わうものだろう。授業はそのための「方向づけ」にしかすぎないのである。

大学というところは高校や予備校とは違った世界であり、その異質な世界にこれからゆっくりと適応していこう、と考えてほしい。その後は本人次第。大学を単なる「高等幼稚園」として過ごすのか、学問の深奥の世界を垣間みるところにまで到達するのかは……。

■本を読む

とはいえ、学問のやり方について具体的に語らないのはいささか不親切というものだろう。大学での学修は授業を受けることと自修することに集約される。これらは次の章から述べることにして、ここでは両者に共通する「本を読む」ということについて、少し触れておきたい。

大学における学問的生活の基本は、やはり読書なのである。社会学を専攻する場合でも、最初から社会学の専門書よりは、もっと広く、**社会科学の基本的な文献**を読んでおきたい。以下はその一例である（いずれも岩波新書で入手しやすい）。

まず、高校の「倫理」とのつながりから、**内田義彦『社会認識の歩み』**（内田 1971）を挙げておこう。**マキャベリ、ホッブズ、アダム・スミス、ルソー**の著作を読むことで、「世の中を読む」、つまり社会科学的認識を獲得することが主題となっている。「本を読む」とはどういうことなのかを確認しておきたい。

次に、社会科学の方法的な視点、あるいは社会科学が前提とする人間像に関しては、**大塚久雄『社会科学の方法』**（大塚 1966）あるいは**『社会科学における人間』**（大塚 1976）をすすめたい。ここでは社会科学が前提としている人間像とその「相対化」が中心的な主題となっている。

そのうえで、日本社会あるいは日本人の思考や行動の特殊性に接近するには、**丸山眞男『日本の思想』**（丸山 1961）や**川島武宜『日本人の法意識』**（川島 1967）が重要な示唆を与えてくれる。前者で提起されている「タコツボ型」と「ササラ型」の対比や、「である」ことと「する」ことの相違は現在に至っても事態の核心に切り込む的確さをもっている。また、後者は「文字の次元での法」と「行動の次元における法」のズレを主題化しているが、これまた現在に至っても生々しい問題であることに変わりはない。これらの著作は第二次大戦後の日本社会に市民社会の原則を根づかせようという意図ももっていただろう。だが、その意図が達成されたとはいいきれない現実がある。その意味で、いまなお一度は読んでおくべき基本的な文献だということができる。

■古典に触れる

古典のなかでは、社会学の古典にも触れておきたい。たとえば、エミール・デュルケム『社会分業論』（Durkheim, 1893=［1971］2017）や『自殺論』（Durkheim, 1897=［1968］2018）、マックス・ウェーバー『プロテスタンティズムの倫理と資本主義の精神』（Weber, 1905=1989）、ゲオルク・ジンメル『社会学の根本問題』（Simmel, 1917=1979）、フェルディナント・テンニエス『ゲマインシャフトとゲゼルシャフト』（Tönnies, 1897=1957）などを挙げておこう。

これらの論者に多かれ少なかれ影響を与えているのがカール・マルクスである。主著『資本論』の第一巻（Marx, 1867=1890=1972）もぜひ手元に置いておきたい。とはいえ大著であり、最初から最後まで読み通すことには困難が伴う。そこで、「世界史」の知識を前提として、協業、マニュファクチュア的分業、機械制大工業を扱った章（第一一、一二、一三章）や、資本制的蓄積（第二三、二四章）の章を最初に読んでみるのも一つの読み方である。そして大塚久雄がウェーバーとマルクスを二重写しにする際に注目した「物神性」（第一章第四節）の議論。この部分は一八六七年の初版にはなく、後に書き加えられた箇所である。ちなみに翻訳書は岡崎次郎訳の大月書店国民文庫をすすめたい。向坂逸郎訳とされる岩波文庫もあるが、訳が古めかしい。それに翻訳したのは向坂ではなく、実は岡崎なのだという。国民文庫版は、表に出ることなく、裏方に回った岡崎が修正を加え、自分の名前で世に出した決定版ということになる。

■知の変化

一九八〇年代に入ると、「知の状況」には変化が出てくる。それまでの学問的蓄積に対する疑問が背景にあったのかもしれない。そうした状況の一端を見渡す著作の一つとして、**呉智英『封建主義者かく語りき』**（呉［1981］1996）がある。この本は最初『封建主義　その論理と情熱』という書名で一九八一年に刊行された。

余談になるが、本書を初めて手に取ったときのことは、はっきりと覚えている。日曜日の夕方、東京・池袋西口のいまはなき芳林堂書店に行ったときだった。めざすは五階の社会科学のフロアである。階段を上りきって最初に目に飛び込んできたのが、平台に置かれた新刊のこの本だった。書名の「封建主義」とはおもしろそうだな、と思ってパラパラと頁をめくってみての感想は、「これはマックス・ウェーバーだ！」ということだった。そのときは、「禁欲倫理を語っている」と理解した。内容は、著者が独学で得た知のエッセンスがちりばめられていて、あわせて、社会の本質とは何か、理想の政治とはどのようなものか、といった論点は共感できる内容である。「封建主義」という言葉にまどわされることなく読んでおきたい。なお、呉智英はその後も続々と著書を発表しているが、基本的な論点はこの最初の著作に集約されている。

そしてもう一冊、ぜひ読んでおきたいのが、**パオロ・マッツァリーノ『反社会学講座』**である（マッツァリーノ［2004］2007）。これはインターネット上での議論が反響を呼び、そこでの記述を発展させて書物になったものである。わたしがそのサイトを知ったのは、社会学部の受験を考えているという高校生の「こんなサイトがありますが、社会学は本当にダメな学問なのですか」という質問を読んだのがきっかけだった。そのサイト、一読して、「なるほど、そのとおりだ」と思うところが多かった。そして社会学演習の時間に参加学生とともに検討してみた。結果は、確かにそこでの指摘は大変おもしろいのだが、勇ましい割には意外と議論が薄い、ということで物足りない感じもした。先の高校生には、「こんなことで社会学部に進学することをためらってはいけません」といいたいところだが、あわせて「マッツァリーノが指摘していることも相応に受け止めて、それを克服する方法論も考えてほしい」といっておきたい。なお、マッツァリーノは本書が当たったこともあって、その後も続々と書物を刊行している。

■図書館の活用

大学生の自修の機会を提供しているのが図書館である。入学してからそう遅くない時期に利用のためのガイダンスが開催されるので、話を聞いて情報検索の手段を一通り知っておくとよいだろう（登録はいつでも可能である）。

図書館には「日本十進分類表」（ＮＤＣ）に基づいて分野別に専門書が配架されている。

３００**番台が社会科学**で、**社会学や社会問題は**３６０**番**から始まる。

３６１　社会学　Sociology
３６２　社会史：社会体制　Social history. Social system
３６４　社会保障　Social security
３６５　生活・消費者問題　Living and consumer's problems
３６６　労働経済：労働問題　Labor economics. Labor problems
３６７　家族問題：男性・女性問題：老人問題　Family. Man and woman. Aged people

３６８　社会病理　Social pathology
３６９　社会福祉　Social welfare

書棚をのぞいてみれば、どのような研究成果が積み重ねられてきたのか、概要をつかむことができるだろう。探している本がはっきりしているならば、**蔵書目録**（ＯＰＡＣ）で検索して請求記号でみつける。一定のテーマをもっていて関連文献を調べたい場合は、**レファレンス**（カウンター）に相談するとよい。

年間の履修単位数に上限が設定されるようになって、時間割に空き時間がでることも多くなってきた。その時間帯に図書館に行って新聞を読んだり、趣味の雑誌を眺めたりするのも利用法の一つである。

さらに図書館は今日、インターネットをつうじてより広大な世界とつながっている。利用登録して利用者番号とパスワードをもっていると、「**国内論文検索**」（CiNii）、「**海外論文情報**」（Web of Science）、「辞書・事典サイト」（ジャパン・ナレッジ）などのさまざまなデータベースや電子ジャーナルに入ることができる。また**新聞記事**は「聞蔵《きくぞう》Ⅱ」（朝日新聞）、「ヨミダス」（読売新聞）、「毎索」（毎日新聞）などで調べることができる（端末は備え付けのもの以外に、カウンターで借りることもできる）。

図書館は勉強場所のみならず、知の拠点でもあるので、積極的に活用していきたい。

■まとめ

大学に合格したからといって、いつまでも浮かれているわけにはいかない。大学の内外にはさまざまな誘惑がうごめいているからである。学問の妨げになるような誘惑は拒否しなければならない。

大学の学習法は高校までとは異なっている。大学の目的は多少大げさにいえば、これまで蓄積されてきた**知的遺産のなかに新たな論点を加えていく**ことである。その意味で、教授の話を理解し、本の内容を理解するだけではまだ足りない。そこで提示されている論点を自分なりに再検証したり、疑ったり、あるいはもっと大きな文脈に位置づけてみたりすることが、**知的創造**へとつながっていくのである。

そうはいっても、このような大学生的ライフスタイルがすぐに身につくわけではない。やはり一定の時間が必要である。焦ることはない。徐々に慣れていけばいいのである。

ということで、次の章からは、大学における社会学の授業について考えていくことにしたい。

第2章　「社会学概論」講義の組み立て

1　「社会学概論」の位置づけと目標

まず、社会学概論である。わたしが所属している教育学部の社会科専攻分野のなかでは基礎的な科目であり、それゆえ必修科目の一つになっている。中学校の社会科との対応関係でいうと、「公民分野」のなかの「社会的存在としての個人（あるいは人間）」といった領域とかかわっている。これは文字どおりにいえば、「**個人と社会**」という社会学の根本問題であるし、もう少し具体的にいえば、**人間と集団（家族、地域社会、職場など）との関係**の問題である。

その点を押さえたうえで、大学の講義においては、これらの個別具体的な領域を社会学の対象として統**一的に把握し、分析**していくことができる、ということを示さなければならない。そのためには、社会学の**独自性**と対象の把握における**統一的な視点**を明確にしておく必要がある。別の観点からいえば、**家族**、**村落**、**都市**、**企業**、**労働組合**、**国家**、などといった個別の対象を同じ社会学の名のもとで統一的に捉えることができる根拠を明示しなければならない。つまり、家族社会学、村落社会学、都市社会学、産業社会学、労働社会学、国家社会学などを寄せ集めて、これが社会学です、といったのでは、社会学の独自性はみえてこない。その意味で、社会学概論に求められるのは、これらの個別領域を括るような、一段**抽象化**された視点ということになる。

このような社会学の視点は集団という観点にこだわらずに、さまざまな社会問題を把握し、分析していくための**枠組み**を提供するものとなるし、社会科学のなかの「個性記述的な領域」で収集された「資料」を整理したり、より**一般化**（**法則化**）するための視点を提供したりもする。その意味で、**社会学は社会科学の基礎的な位置を占める**、ということもできるのである。

さらに、人間自体が社会的存在であることは否定できない以上、社会学を学ぶことは、生活のさまざまな局面における他者との相互関係において、自らが振る舞うべき「指針」を得ることにもつながる。その点で、社会学は**社会をよりよく生きていくための**「**処方箋**」を提供するものともなる。

いずれにしても、大半の学生にとって、社会学は大学に入って初めて学ぶことになる。わたしはそのような学生に対して、社会学の揺るぎなき根幹を提示することが最も重要な課題だと考えている。したがって、社会学概論の目標は何か、といえば、究極的には、「社会学という学問について**自分の言葉で説明**できるようになること」という一点に尽きるのである。

以上を確認したうえで、ある年に行なった前期一五週の授業を念頭において、社会学概論のあらましに入ることにしよう（井上 2002b）。

2　まず授業——学生は授業中に何を行なうのか

■いきなり答案提出

第一回目の授業では普通、授業全体の概要を説明し、そのうえで受講する人は「受講票」を提出してください、といって終わることが多い。もっとも、最近では「ＷＥＢ登録」に変わり、受講票そのものが廃止されつつあるのだが、「いまここで」の受講意思を確認するには受講票を提出してもらった方がよいのである。

ということで、第一回目はいわば、授業の説明会である。しかし今回はある考えがあって、いきなり本題に入ることにした。テーマは「社会学とは何か」というもので、

(a) **学問の分類**
(b) **社会学の形成**
(c) **社会学とは何か**

という三つの内容を柱とした。始める前に、「今日はノートの代わりに答案用紙を配るので、これを使ってください。終わったら、回収しますが、次回には返します」といっておく。第一回目の授業の内容は、学問の体系のなかでの社会学の形成と発展、それに独自性を確認しておこう、という大前提となるような話である。大きなテーマなので、やっているとキリがないが、とにかく授業終了時刻には終える

ことができた。そして「答案」を回収し、あわせて、受講票を提出してもらう。

こののちの作業は、次のようにすすめる。

まず提出された受講票を学年別に仕分けし、さらに、それを学籍番号順に並べ替える。そのうえで、一頁あたり25行のマス目の入った用紙に、学籍番号と氏名を転記する。これが済んだら、今度は回収した「答案」を見る。「見る」というのは見分ける、という含みである。見る前は提出された答案は三分類になるだろう、と思っていた。すなわち、Aは黒板に書いた説明と口頭での説明がある程度書いてあるもの、Bは黒板に書いた説明のみ書いてあるもの、Cは黒板の説明の転記としても不十分なもの、である。だが、結果的には、Cはなかった。Cがなかったことで、少し安心したが、考えてみれば、「あとで提出してもらう」と断っているのだから、手抜きしている「答案」は「わたしはやる気がありません」と宣言しているようなもので、普通はあり得ないことだろう。

ではA、Bの分布はどうなったか、というと、提出者77人中、Aは29人、Bは48人という結果となった。能動的にノートを取ることのできる学生は4割弱であり、ただ漫然と黒板の文字を写している学生が予想外に多かった。この結果は、成績評価にも反映させる。先ほどつくった名簿の第一列に日付を書いて、Aの学生には二重丸、Bの学生にはただの丸をつけておくことにする（結果的には、Aの学生には学期末に１００点満点で出す成績に、5点加点した）。

■大学ノートの活用

以上のような作業を行なったうえで、第二回目の授業に臨む。ここでは、「小道具」を少し用意しておく。大学ノート、藁半紙《わらばんし》、裏が白の新聞折り込みのチラシ、である。授業の本題に入る前に、まず回収した答案を返却する。そして、結果を発表する。このとき初めて、学生は前回の答案回収の意味がわかったはずである。つづいて、次のようにいう。

まず、大学ノートを示す。「これは何ですか」。しばしの沈黙のあと、小さな声で「マルゴのノート」という声が聞こえる。確かにそうなのだが、それはメーカーの名称であって、一般的な呼称ではない。「これは、大学ノート。なぜ大学ノートというのか。いまでは中学生も高校生も使っているかもしれないが、昔は高級品だった。だから大学生になってようやく使うことができたのだ」。

では、大学生になる前は何を使っていたのか。

ここで「藁半紙」を示す。「これです。これを使って綴じることでノート代わりにしていたのです」。白い紙自体が高級品だったのだ。だから大学生も大事にノートを使っていた。授業中は「藁半紙」にメモを取って、家に帰ってから、大学ノートに清書していたのだ。今の時代では、「藁半紙」をわざわざ買う必要もないだろう。たとえば、こういうチラシの裏紙を使えばいい（といって、裏が白の新聞折り込みのチラシを示すところなのだが、今日、チラシの大半は両面印刷されているので、裏が白のチラシをみつけるのは困難になった）。

肝心なことは**一科目について一冊ノートを用意し、授業中に取ったメモを家で清書する**、という勉強方法を身につけることである（以上の「大学ノート」の説明は、日本語倶楽部 1993: 181-182）。

こうして、一つの結論を導き出す。なぜノートを取るのか。それは、その日の授業の内容をあとで自分なりに再現できるようにするためである。この「**再現できるようにする**」ということが勉強なのだ。

そのためには、教師が黒板に書いたことだけを写すのでは無理なのだ。

■社会学の基本的視点

以上の前置きをしたうえで、第二回目の授業の本題に入る。テーマは「社会学の基本的視点」というもので、行為、相互作用から主意主義的視点に至るまで、何とかすすめる。わたしの考える社会学では、社会学の基本的視点とはすなわち、**主意主義的視点**のことである(1)。これがわからないと社会学がわかったことにはならない。だから印象に残るような表現で理解を深めたい。今回は二宮金次郎のいった(とされている)次のような言葉で象徴的に示すことにした。

「道徳のない経済は犯罪である。経済のない道徳は陳腐である」

主意主義的視点を簡単にいうと、ある社会現象を考えるときに、**理想や観念(道徳)と物質的条件(経済)を両面的に把握**しよう、ということである。この言葉が本当に二宮金次郎のものとすれば、この人は主意主義的視点をはっきりと持ち合わせていたことになる。

なお、第一回目の授業に出席せず、第二回目の授業から受講したいと希望する学生が現われてくる。わたしは「シラバス」(新学期に配布される講義概要。テキスト、課題内容など)に「社会学概論の授業を取りたければ、第一回目の授業に必ず出席すること。出席しない場合は受講をお断りすることがあります」と書いている。したがって、「お断り」してもよいはずなのだが、今回は「これから受講しようとする社会学という学問について自分の考えをまとめる」というテーマでのレポート提出を条件に、受講を認めることにした。このレポートを提出してもらうのは、第一回目から受講している学生が「答案」を出していることとのバランスを取るためである。

3　レポート提出と出席

■テキストを読んでレポート提出

第三回目の授業は五月の連休の谷間であった。少し以前ならば、休講にするところなのかもしれない。しかし前回の授業で、学生から「来週の授業は休講にしないのですか」といった声は一言もなかった。そこで知らん振りして、予定どおり授業を行なう。テーマは「**社会システムの考え方**」というもので、**相互作用**を全体として捉える枠組みを主題にしている。ここでは、主として後述するアメリカの社会学者**タルコット・パーソンズ**の**社会システム論**と**マルクス**の**土台・上部構造論**を対比的に扱う。今回は出席者がいくぶん少なめ、ということもあり、授業の終わりに「社会のイメージ」（社会という言葉から感じられるイメージ）というテーマで短いレポートを書いて提出してもらい、出欠を取ってみた（提出者のみ出席、という扱いである）。

つづく第四回目も「社会システム」の延長で複雑系についての話。前回の授業であらかじめ「社会学概論」のテキストに指定した**井上孝夫**『**現代環境問題論**』（井上2001）の該当ページを示しておく。ここでの話題は、複雑系という捉え方の基本から、「血液型別性格診断」のような「ニセ科学」にまで及ぶ。そのうえで、最後に、授業内容を踏まえてレポートを書いてもらうことにする。テーマは「地球温暖化の原因について」というもの。あらかじめ示しておいたテキストの該当箇所には「地球温暖化の原因は、人間の活動によるものとは限らない」旨の記述がある。ところが授業後に回収したレポートを読んでみると、「地球温暖化の原因は人間の活動に原因がある」とする一般的に流布している議論に疑問を提示した回答は、提出者82人中5人しかいなかった。そこで、第一回目の回収「答案」と同様の扱いとし、この5人に二重丸をつけて5点上乗せすることにした(2)。

そしてこの結果は、第五回目の授業の冒頭に反映される。授業の流れを踏まえ、テキストの記述にも注意せよ、という第二回目の「指導」である。

■出欠を取る方法

これまでの授業では、授業の終わり近くでレポートを書いてもらい、それで出欠を取ることの代わりにしていた。しかし毎回レポートを読んで結果を転記するのも大変なので、第五回目からは出欠そのものを取るようにした。最も簡単に出欠を取る方法は、学生が座る座席を指定して、空席になっているところを欠席にすればよい。しかしこの「指定席」制は学生にとっては不愉快なものらしく、かつて某大学の行政法の先生がそれを実行したところ、夜中に嫌がらせの電話がかかって来たそうである。

そういうこともあるので、次善の方法として、あらかじめ空欄になっている座席表をつくっておいて、それを順番に回してもらって自分の座っている位置のマス目に学籍番号と氏名を記入してもらう、という方法を取った。やってみると、学生は同じ専攻同士でまとまっていることが多く、この方法だと転記するにもさほどの労力を必要としなかった。そこで以後は毎回この方法を取ることにした。一つ心がけたのは、転記した後でも出欠表は保存しておくことである。出席不足で単位不認定になった学生があとで文句をいってきた場合、元になった出欠表を保存しておけば理由がはっきりするからである（実際にはそのような学生はほとんどいないのだが）。

学生の出席状況だが、これは驚くほど高いものだった。教育実習などによる「公欠」を除くと、出席率は最低でも75％、平均すれば90％程度あった。おかげで使用していた教室は毎回、満杯状態であった。

4　中間試験と期末試験

■中間試験

第五回目から第七回目の授業では「**ゲームとしての相互作用**」といったテーマで、個人の自由を最大限に尊重する現代社会の一側面を中心に取り上げた。そのなかでは、「**ゲーム理論**」や「**社会的ジレンマ**」なども素材にしてみた。そしてこの第七回で一区切りがついた感じでもあるので、第八回目で中間試験を行なうことにした。一つ問題があるとすれば、教育実習で試験を受けられない学生をどうするか、という点である。今回は、事前に欠席することを届け出た場合に限り、すべての授業が終わった後に「追試」を行なう、というかたちで対応することにした。

この中間試験については「これまで授業で扱った範囲」とだけ予告した。実際には、簡単な記述問題（とはいえ、社会学を学んでいない高校生が合格点に達することは不可能である）を10問出してみた。

1問10点、部分点は5点で統一した（表2・1）。学生がどれくらいできるのか予想がつかなかったが、受講者80人で平均点は64・4点に達した。結果は満足のいくものとなった。

表2.1 「社会学概論」中間試験の問題

1〜10の各項目について、思い当たるところを述べなさい

1. ゲマインシャフト
2. ゲゼルシャフト
3. 主意主義
4. 社会システムの“A”機能
5. 土台と上部構造
6. ジョン・フォン・ノイマン
7. 地球温暖化の原因論
8. コモンズの悲劇
9. ナウル共和国における“社会的合理性”
10. “ジャガイモ飢饉”にみられる社会学上の意味合い

■答案を返却する理由

採点した答案は、第八回目の授業の初めのところで返却した。大学の試験では答案を返却しないのが普通なのかもしれない。理由の一つは、試験は最終授業のときに行なうからである。試験のあとに授業はないのだから、結果を学生が知ることはない。

もう一つの理由は、一種の「親心」のようなものである。大学の履修基準には「60点以上合格、59点以下不合格」と明記してあることが多い。もし試験をまともに採点して学生に返却するシステムを前提とすると、59点以下の学生が多数を占めた場合、不合格者多数続出という事態になりかねない。これではいろいろと支障が出てくる。そこで教師は「生の点数」に上積みしたりして、合格者を一定数以上に保とうとする。これは一種の「親心」である。答案を返さない、学生に点数を知らせない、というところに、独特の「美徳」が存在した。

だが、その種の慣例を一切無視して答案を返した。その意味するところも、「これで教師と学生本人

は自分の点数を知ったことになる。点数はいわば客観化されたのだ。もうあとはないのだ」と説明した。

■期末試験

中間試験のあと三回の第九、第一〇、第一一回目の授業では社会の共同体的な側面を重視する議論について、いくつかの観点から検討を加えていく、という授業を試みた。そのうえで、最後の第一二回目では国家間の環境問題について、暴力、所有、分業という観点からそれぞれ具体的な事例を取り上げて説明してみた。いずれもテキストの内容そのものを丹念に追うのではなくて、同様の主題を別の事例をつうじて大づかみに把握していくことを旨としていた。念のためいうと、わたしはテキストの該当箇所を指示するが、文章を読み上げることはしない。

そして第一三回目の授業のなかで、期末試験を実施した。事前の予告は前回と同様で、中間試験以後に取り上げた範囲から出題する、ということだけである。

今回は中間試験よりも出題範囲は狭い。そのため問題は5問に絞って、配点は1問20点、5点刻みで採点するという方針をとった（表2・2上）。受験者はすでに教育実習期間は終わっているので91人、平均点は79・2点に達した。100点が13人、90点台が21人もいた。これは予想をはるかに超えた好成績であった。

その答案は、第一四回目の授業で返却した。今回の平均点を参考までに、と発表すると、驚きの声が聞こえた。あわせて、わたしの「一応、満足の行く水準に到達した」という感想もつけ加えた。そして成績評価は、出席率80％以上を前提に、中間、期末の二回の試験の平均点に、授業時のレポートのプラ

表2.2 「社会学概論」期末試験の問題

授業内容を踏まえながら、次の問いに答えなさい
1. 所有と占有の違いについて
2. 都市河川の水質汚染の根本原因
3. ダム建設の様々な目的と根本的なねらい
4. 株式会社の大規模化と資本家の没落
5. 分業と生産力の相互関係

追試の問題
次のような「意見」に対して、社会学的な観点から論評してください
（以下の資料から引用）
（出典）古野二三也「仮想マネーゲーム・中学授業でやるのは疑問」『朝日新聞』2006年7月15日付

ス評価を加えた点数、ということを明言した。

そのあと、中間試験の追試の論述問題を別室で行ない（表2・2下）、何をみてもよい、ということにしたので、試験監督者はなし。評価基準は「社会学的な観点」すなわち「主意主義的な視点」から論じているかどうかがポイントとなる。

■成績評価

残った多数の学生には、わたしが独自につくった「社会学概論アンケート」に記入してもらった。それを提出し終えたら、基本的には授業はおしまいであるが、「中間、期末試験の結果について何かいい分のある人はどうぞ」ということで、残った時間は、合格点に達しない59点以下の学生との個別の交渉の場と化した。交渉の結果、テキストを章ごとに要約して、それに対する自分の意見を述べる、というレポートを一週間後に提出することで、合格点に達するための「追加レポート」の話はまとまった。これは決して簡単なものではなかったが、ともかくその線でお互いが妥協したのである。一週間後、そのレポートを提出しに来た学生とその場で面接して「合格」の結果を告げ

表2.3 「社会学概論」の成績評価（受講者98人*）

*教務係から通知のあった名簿上の人数

合格者：	84人
90-100点：	15人
80-89点 ：	21人
70-79点 ：	27人
60-69点 ：	21人
（「追加レポート」による合格：10人を含む）	
不合格者：	14人
受講者名簿に記載されているが、一度も出席していない：	5人
中間試験前後の時期に脱落したと思われる：	2人
欠席日数超過のため履修要件を満たさない：	1人
「追加レポート」未提出：	1人
試験の成績が不振のため自ら単位取得を断念したと思われる：	5人

た。実際のところ、提出されたレポートはおおむね良好であった。未提出者は一名いたが、これは自ら断念したものとみなして、不合格とした。

このように、こちらがすっきりと授業をすすめたいと思っても、途中から出席してくる学生や、「単位を何とか取りたい」といってくる学生がいて、余計な労力を費やすことになる。その一方で、試験の結果をみてあっさりと単位の取得を諦めてしまう学生もいる。そういった学生も含めて、成績評価は全体として表2・3のようになった。

全く出席してこない学生5人を除外して、実質的な受講者は93人で、そのうち2人は途中で脱落し、学期末試験を受けたのは91人だった。この91人を母集団と考えると、合格率は、92・3％ということになった。

5　授業アンケートの概要と回答結果

学期末試験の答案を返却したあと、独自につくった

「社会学概論アンケート」に回答してもらったわけだが、その際、中間試験を「公欠」し、追試を受けている学生は除外した。アンケートに答えていると試験時間が短くなってしまうからである。そのアンケートの結果について、少し触れておくことにしたい（表2・4）。

質問項目は全部で六つあり、基本的に「記述式」である。もちろん無記名によるわけだが、名前を書きたい人は書いてもよい、とした。以下はその結果である。

［第1問］　この授業を選択した理由は何でしょうか

これは自由記述であり、しかも理由が複数あれば全部書いてください、とした。しかし集計にあたっては、最初に書かれた理由のみを取り上げ、表2・4のように回答をコード化して集計した。中学の教員免許取得のためにほかの選択肢はほとんどなかった、というのが実情のようである。これは予想したことだったが、それに対して「社会学に興味がある」とした回答が5人ほど（複数回答分も数えるともう少し増える）あったのはやや意外であった。それほど、社会学という科目は学生と縁がないのである。

［第2問］　この授業のシラバスは読みましたか

これはイエス、ノーの二者択一である。「読んだ」と答えた学生は少ないが、数字としては予想を上回った。大半の学生にとって、科目選択の余地があまりないわけだから、シラバスを読む必要もあまりないということなのである。しかしシラバスには重要なことが書いてあった。

［第3問］　この授業のシラバスを読んで、特に注意した点、心がけた点はありますか

この質問にはシラバスを読んだ人のみが回答する。とはいえ、「読んだ」としても無回答が多かった。そうしたなかで、特徴的な回答は表の三つである。「授業には毎回出席してほしい。特に第一回目の授業には必ず出席してほしい」というのがシラバスで特記した重要事項なのであった。

実は、学生の**出席率**が毎回高いのはこの記述によるところが大きいのではないのか、と考えていたのだが、アンケートの結果をみると裏づけることはできそうもない。

［第4問］　この授業に関連して、どれくらい勉強しましたか

ここで、大学の原則である「**自学自修**」にかかわる項目が出てくる。この結果から、ふだんはほとんどの学生が自宅などで勉強しないということがわかる。教育学部の学生は授業を取り過ぎている、という点に問題があるはずである。取り過ぎているということは、個々の授業がおろそかになり、単なる消費対象になりやすい。これは好ましくない傾向である。**大学が資格取得のための単なる通過点**になっている、ということだ。

とはいえ、試験前には一定程度勉強していることがわかる。学生の有限な時間に割り込むには試験をするしかない、ということかもしれない。しかしそれでは、本来の意味での自学自修にはならない。

［第5問］　この授業の全体をつうじて、これまであなたが行なっていた勉強や学習の方法に変化はありましたか

これは今回のアンケートの中心的な質問だった。第二回目の授業で、**ノートの取り方**について指導しているのだから、その成果がどのようなかたちで出てくるのか、興味があった。しかし予想外に回答数が少なかった。つまり学生の多くは、意識的に授業態度を変えてはいない、ということである。あるいは質問の意味が伝わらなかったのか、とも思う。とはいえ、表の回答はいずれもこちらの意図していたことなので、確実に伝わった学生が少しはいたことがはっきりとした。

［第6問］　授業をつうじて考えたこと、あるいは授業の感想など、自由に書いてください

この質問も全くの自由回答形式で、出てきた結果もさまざまである。ここではそのなかから三つ選び出してみた。

板書に関して、回答Ⓐはこちらが心がけていることをきちんと理解している。ノートをしっかり取るように、といっている以上、ノートを取りやすくするために板書にも配慮することが必要だからである。それに対して、Ⓑのいい分は「不平不満」のようにも聞こえる。こちらとしては「板書」する必要性はないのである。あくまでも学生の理解を助け、ノートを取りやすいように書いているわけである。この学生には、そのことがわかっていない。やはり、「楽して単位を」という発想なのだろう。おそらくこの学生は、教師が板書しない授業では何のメモも取ることはないのではないか。

また、Ⓑは「重い授業」ということで「不平不満」を漂わせているが、Ⓒの意見は同じ現実を積極的に捉えていることがわかる。ただし、そこからもう一歩踏み出して自学自修へと発展させていってほしいと思う。

表2.4 「社会学概論」授業アンケート（回答者72人）

［第1問］この授業を選択した理由は何でしょうか
・必修だから：　20人
・中学社会の教員免許を取るため：35人
・卒業単位を満たすため：　7人
・社会学に興味があるため：　5人
・無回答：　5人

［第2問］この授業のシラバスは読みましたか
・読んだ：　25人
・読まない：　47人

［第3問］この授業のシラバスを読んで、特に注意した点、心がけた点はありますか
・成績の評価基準や出席に関する記述に注意した：　6人
・毎回出席し、しっかりと学ぼうと思った：　1人
・第1回目の授業を欠席すると受講できない可能性があること：　1人

［第4問］この授業に関連して、どれくらい勉強しましたか
・普段―　1時間以上：5人
・試験前―平均2時間

［第5問］この授業の全体をつうじて、これまであなたが行なっていた勉強や学習の方法に変化はありましたか
・ノートの取り方を変えた
・深く思考するようになった
・固定的な考え方を改めた
・授業を集中して聞くようになった
・細かいところまでノートを取るようになった
・覚えるのではなく、考えることを心がけた

［第6問］授業をつうじて考えたこと、あるいは授業の感想など、自由に書いてください
・黒板の字が見やすくてよかったです（A）
・出席取るし、板書多いし、提出物もあって、しかもテストも2回もあったので、結構重い授業だった（B）
・この授業は有意義であった。また、テストも努力の分だけ点数に反映されるので、このままの形態の授業であって欲しい（C）

6　成績を規定する要因

つづいて、授業アンケートの回答結果も踏まえながら、学生の成績を規定していると思われるいくつかの要因について検討してみたい。

■三つの要因

まず、学生の成績に関して、ここでは、出席率、ノートの取り方、そして、「授業の流れとテキストへの注意力」、という三つの要因を取り上げてみよう（正確にいうと、今回の授業で得たデータからは、この三つの要因しか取り方がない）。

最初の「**出席率**」については、成績と比例関係がある、との指摘もある（3）。しかし今回の授業についていえば、ほとんどの学生は高い出席率であり、その前提のもとでは、出席率が成績の格差についての決定要因、あるいは説明要因にはなりようがない。

次に、「**ノートの取り方**」についても、何も指示しない状態で、ノートの取り方が身についていると思われた学生でも、意外なほどに成績が芳しくない学生もいた。ノートを取ることはできても、理解力が及ばない、ということなのかもしれない。あるいは、たとえば授業を取り過ぎたために、その後の、特に試験前の学修が不十分だったとも推測できる。このようなことを考慮に入れると、この要因も決定的ではない。

それに対して、最後の「**授業の流れとテキストへの注意力**」をもつと判断された学生は5人中5人とも高い成績評価となった。これは教師の行なう授業にうまく乗っかったのであり、その結果、授業内容への理解もすすみ、結果として試験でも高得点になったと推測することができるし、一つの因果関係としても納得がいく。

これら三つの要因のほかに、「ふだんの学修時間」や「試験前の学修時間」という要因はかなりのウエイトを占めるとも考えられるが、今回行なったアンケート調査は「匿名」での回答のため、その点を解明することはできない。とはいえ、学修方法の変化について尋ねている［第5問］の自由記述欄には、「授業時間内で授業内容を理解するように集中することを心がけた」といった記述がいくつかあり、それを踏まえていえば、学修時間の長短よりは「授業の流れとテキストへの注意力」という要因の方が成績評価に対して大きなウエイトを占めているのではないか、と推測することはできる。

■よい授業は学修が決め手

常々わたしは、大学における「よい授業」とは授業内容よりも、授業外の要因、あるいは学生が授業に臨む態度によって決まる、と考えてきた。そのような考えから、今回の社会学概論では授業をすすめながら、その初期の段階で、「ノートの取り方」と「授業の流れやテキストに注意を払う」という二つの「指導」を行なったわけである。その効果がどの程度まであったのか、正確に把握することは困難だが、二回実施した試験における予想以上の高得点は一定の効果があったことを示唆するものだろう。

その一方で、少数ながら、途中で脱落したり、試験結果をみて単位の取得を断念してしまう学生もいた。これは当たり前の話ともいえるのだが、一定の「指導」に対して、授業に参加している学生集団が指導に沿ったかたちで一様に変化していくわけではない、ということを示している。では、その違いはどのようなものなのだろうか。

おそらく、外見からは同じように学修しているようにみえても、本当に学修している場合と学修しているように装っている場合があるのだろう。この点についてはたとえば、次のような事例がわかりやすいかもしれない（4）。

――哲学者サルトルが大学で講義をしていた時、毎回、前の方の座席に座って熱心に耳を傾けている女子学生がいた。サルトルはこの学生はさぞや優秀なのだろうと思って、学期末試験の結果に期待していた。ところが、その答案からは授業内容が全く理解されていないことがわかった――

アメリカの社会学者、**アーヴィング・ゴッフマン**はこの事例を「**フレーム分析**」によって説明する。ここでフレームとは、「状況を**理解**し、そのなかで取るべき行動を**認知**したり**選択**したりする**枠組み**」である。この事例では、哲学を論じるサルトルのフレームと女子学生のフレームとは全く一致しなかった、ということになる。すなわち、その女子学生はサルトルの話を聞いて理解しようとしていたのではなくて、ただサルトルの顔をみていただけだったのだ、というわけである。

教師の多くは、この事例と似たような経験をしているかもしれない。教室にいる学生のすべてが教室という場にふさわしいフレームをもっているわけではないのは、別に珍しいことではない。

では、このような学生に対しても、勉強するように指導すべきなのだろうか。ここは判断が分かれるところかもしれないが、「自学自修」という大学の原則からして、わたしはそこまでする必要はないと考える。また、仮に指導しようとしても、効果的な指導を行なうためには学生のフレームに分け入らなければならないし、それはその学生の生活経験の領域にまで進入していくことにつながる。大学生に対して、そこまでする必要はないだろう。

ここでの結論をもう一度確認しておくと、「授業の流れ」に乗れる学生とは、すでに**教師とフレームを共有**している学生になる。そして、教師のフレームに乗れるだけの**柔軟性**をもっている学生は概して成績もよい、ということである。

7　今後の課題

■二つの「指導」とその成果

繰り返しになるが、今回の授業で特に心がけたのは、「**ノートの取り方**」と「**授業の流れとテキストへの注意力**」という二つの「指導」であった。それは、**自学自修という原則**を実質化していくためのささやかな第一歩と位置づけられた。すべての授業を終えてみて、そこに一定の成果はあった、と判断したい。それは、特に、授業中にほとんど「私語」がなく、毎回高い出席率を維持し、さらに二度行なった試験の結果も多くの学生が好成績を収めた、といった点に現われているように思われる。

この二つの「指導」の成果を判断する材料として、新たに、学生からノートの提出を求める、という方法も考えられる。だが、学生個人のノートを点検するというのは大学生に対する「指導」として適切なのかどうか判断の分かれるところであり、慎重に検討する必要があるだろう。

それとは別に、実は今回、もう一つ注意を与えていたことがあった。それは教室内に、特に机のうえに**缶飲料やペットボトルを置くな**、ということである。小中学生は決してそういうことはしないだろう。また高校生もほとんどしないはずだ。だが、予備校になるとその比率は高まり、大学では最高度に達する。一般に、人の話を聞くときに飲食するのは、マナー違反である。授業中も同様だ。注意すればしまうのだが、徹底しない。すでに、飲料水の持ち歩きは生活習慣になっていて、それを改めさせるのは容易ではない。つまり、事態は個々の授業のレヴェルでは対応できないまでになっていて、大学としての取り組みが必要になっているのである。この問題には、たとえば関西大学が積極的な取り組みをしているようであり、参考とすべき点も多いのではないか(5)。

ところで、次のステップとしては、もっと活気のある授業、学生の側から積極的に発言の出る授業にしたいとも思う(ただし、発言といっても授業の内容に即した発言である)。今回の授業でもこちらから質問して学生に発言してもらうことはあったのだが、そのやりとりが展開して、予想外の方向にすすんでいく、などということはなかった。この点には、毎回の授業の終わりに、次回のテーマを予告し、予習の課題を具体的に指示しておくと効果があるかもしれない。

■授業のおもしろさ　授業アンケートの回答から

最後に、自学自修に向けて授業内容で方向づけていく、というのが本来のあり方だろう。それには、

学生が「おもしろい」と思うような授業をするのが第一だ。実のところ、わたしは授業で、自分がおもしろいと思うことしか話をしない。あるいは、自分がおもしろいと思うところまで練り上げたうえで話をしている(6)。したがって、自分自身では授業内容をおもしろいと思っている。だが、学生側はどう思ったのだろうか。最後に、この点に関して、アンケートの［第5問］、［第6問］の回答のなかから特徴的な記述を抜粋しておきたい。

「思ったより難しい内容だったが、社会のこと、ものごとを理論的に考えることは、結構面白かったし、新鮮でもあった」

「社会学は社会で起きるさまざまな事象を分析する面白い学問だと思いました。毎回興味をもって真剣に学べたので良かったです」

「ゲーム理論や生活環境主義など、いろいろな視点から考えられて、面白い授業だった」

「現代の具体的な事例を挙げて説明されている講義が何度かあって、理論を現実に照らして考えやすかった」

これらの感想は、**理論的に考えることのおもしろさ**について指摘している。社会学に限らず、社会科学のおもしろさの一つは、つかみどころのない対象を**抽象化**、**理論化**することによって、あたかも自分の手のひらのうえに乗せて**分析**してみる、という点にある。そのことが実感できた、ということなのだろう。その一方で、おもしろさはある程度まで、難しさともかかわっているようだ。

「世の中、相互作用で成り立っていることを知ったが、理論の中にも間違いや欠点というものがあって、学問を疑う視点も持たなければならないとわかった」

「社会の人のつながりをあらためて考えることができました。物事には原因も結果も複数あり、総合的に考えなければならない、ということを学びました」

とはいえ、手のひらに乗せた議論は独善的かもしれないのである。そこで、絶えず「疑う」という行為が必要になる。疑う対象はまず、自分自身の議論や方法である。そのことによって、次に、他人の議論を疑うことができる。「**すべてを疑え**」というのは社会科学の基本的な標語である。

「自分の思っていたことと逆のことがいろいろ出てきておもしろかった」

「高校までに教わってきた環境論が根拠の薄弱なものであるということに新鮮な刺激を感じました」

「意外な事実、考え方を発見できた」

学問のおもしろさのもう一つは、**意外性**である。当たり前のことを当たり前に述べても、それは学問とはいわない。太陽が回っている、とだれもが考えているときに、「地球が回っている」と、裏づけをもって主張できるところが、学問のおもしろいところなのである。

「内容的にも楽しかったので、テスト勉強がよくできたと思います」
「中間テストの問題を見て、二回目のテストは結構勉強した」

授業のおもしろさと、一回目の試験を受けてみて、「これなら行けそうだ」と思う気持ちが、勉強への動機づけになる。その意味で、やはり授業はおもしろくなければならない。そして試験問題は、一回目は少しやさしくしておいた方がいいのだろう。

注

（1）ここでいう主意主義的視点については、第6章などでやや詳しく扱う。
（2）地球温暖化の原因をめぐる議論については、第7章で触れる。
（3）栗井郁雄山口大学工学部教授（＝当時）の「工学部における人体実験―アホ学生撲滅プロジェクト」での調査結果による。『朝日新聞』二〇〇四年三月一二日付「青鉛筆」欄、参照。
（4）以下の事例と分析は、一九八二年一〇月に行なわれた「日本社会学会大会」のテーマ部会における大村英昭氏の口頭発表によるものである。もちろん、その要約は筆者の責任において行なっている。
（5）関西大学は二〇〇八年以来「〝マナー〟大学」をめざしていて、学生生活センターから「キャンパスマナーを守ろう―大学生のマナーの現状」と題する文書が公表されている。その内容は、「歩行者のマナー」「喫煙のマナー」「携帯電話」「教室でのマナー」「ゴミの捨て方」「食事のマナー」「エレベーターのマナー」「いやがらせ（ハラスメント）」という8項目にわたっている。そのうち「教室でのマナー」については、「教室では帽子を脱ぎましょう」「教室では携帯電話の電源をOFFにしましょう」「ペットボトルなど授業に関係のない物を机上に置くのはやめましょう」「私語をつつしみましょう」とある。

（6）これは、鶴見俊輔のいう「人権としての学問」ともつうじる。

「[人権としての学問というのは、]……少なくとも楽しませなくてはいけない。自分がしゃべっていて面白い講義でなければいけない。新しく考えたこと、面白いことっていうのは、声が自然にのってくるわけです。古い講義をしていたら、自分が面白くないからダメなんだ。そういう、少なくとも自分を楽しませる、自分の暮らしの展望を開く。これが人権としての学問なんだ」（鶴見・佐高 1997: 23-24）。

第3章　自学自修の原則

1　大学授業の基本スタイル

■学生は授業の「主役」である

改めて確認すると、大学の原則は自学自修にある。この原則に即していえば、学生は授業の「主役」である。それに対して、教師はせいぜいのところ「助言者」である。つまり教師の役割とは、学生を「より高きもの」へと方向づけ、能力を引き出すことである。

だから、授業は次のようにすすめるのが基本である。まず、教師は学生が取り組むべき課題を提示する。学生はそれを受けて、授業以外の場所で、課題を調査検討し、自分の考えをまとめておく。そのうえで、授業の場において、互いに自己の考えを発表し、意見の提出後には一定の結論や方向性を共有する。
大学においてとられている「**単位制**」は、1科目2単位、たとえば週1回90分（2時間とみなされる）計一五週の講義に対して、その**二倍の準備**（**学修**）を学生に課している。大学はこういった授業形態を暗黙の前提にしている（1）。もちろん、単位制も**自学自修という大学の原則**と結びついている。

■真理の前にはみな平等

したがって、教師は教える人で、学生は学ぶ人だ、という具合に、役割が固定されているわけではない。**学問の目的は真理を追究**することである。この目的の前では教師も学生も平等である。この両者はともに同じ目的に向かってすすんでいるのである。教師の側に真理があり、学生はそれを注入されてしまい、というわけでは決してない。

このような前提からみるとき、教師が最も避けるべきことは、「**教え過ぎてはいけない**」ということである。ただでさえ学生は大学入学のための受験競争の過程で、過剰に教育されている。その種の教育の中身は、知識の暗記と、一定の公式を覚えてそれを問題に適用して解答を得る、ということである（2）。要するに、頭のなかに情報を詰めるだけ詰め込むのである。大学の授業はこの種の「教育」の延長であってはならない。取り組むべき課題に対して、学生はまず調査する。そしてそのなかから本質と思われるべき情報を抽出して、それをもとに自己の考えをまとめ、他人にわかりやすく説明する。知識をためるのではなく、吐き出すのである（大礒 1996）。

真理を追究する、とは**粘り強く考え抜く**、ということでもある。ところが、それがわからない学生もいる。手っ取り早く結論を教えてほしい、という学生がそれである。そこには、真理は教師が握っている、という前提がある。そして自分の頭で考えることを拒否している。

また、課題によっては、明確な結論が出ない場合もある。それでも考え抜くという過程が重要なのだが、そこに違和感を覚える学生もいる。そのような学生は、受験競争で身についた精神的態度から抜け出ていない場合が多いのだが、時には、心理学者・精神分析家**エーリッヒ・フロム**のいう「**サド・マゾヒズム的性格**」を有しているかもしれない（Fromm, 1941=［1951］1965）。アドルフ・ヒットラーを支持したドイツ下層中産階級は、自分よりも弱者に対してはサディスティックに振る舞い、強者に対してはマゾヒスティックな態度に出る、という精神的態度を特徴としていた。そしてこの種の人間は自ら主体的に考えることを拒否し、真理は外部から与えられるものだと確信している。いくぶんか誇張していうと、もしこの種の学生がいたとしたら、それは民主主義社会の不適合者であって、学問とはどういうものなのか、一からたたき込まなければならないだろう。

繰り返しになるが、教師は教え過ぎてはいけない。これは実のところ教師にしてみれば、苦しいことである。しかし我慢してじっと耐え、待たなければならない。学生が自らやる気を出すまでである（3）。

2　原則からの逸脱と対応策

以上が大学の授業の原則である。しかしその一方で、原則からはずれた授業例も数多く存在している。ここでは、いくつかの逸脱事例をいくぶん理念的にまとめたうえで、検討してみよう。

■説明的授業

資料や要約を示して、学生に説明するタイプの授業がある。資料や要約は、紙を配布する場合とスライドを教室のスクリーンやモニターに示す場合がある。

紙の場合、学生の人数分を用意する必要がある。大事な資料と思う学生もいるが、その一方で、授業が終われば教室に放置し粗末に扱う学生もいる。こうなると、資源の無駄である。資料を配り過ぎるのはよくない。必要最小限にとどめておくべきだ。人数分以上は配らないようにして、余ったらきちんと回収する。さらに、授業が終わって学生が教室から立ち去ったら、捨てられていないかどうか、確認する必要もある。

パワーポイント等のスライドを使う場合、学生は映写しているときしか資料を見ることができない。なかには映写内容をノートに記録しておこうとする学生もいるかもしれないが、たいていの場合、教室を暗くして映写するので、ノートは取りにくい。そのうえ、多くの学生にとっては、あらかじめ用意されている資料の内容を書き取るところまではいかない傾向もある。教師が学生の目の前で黒板に書く、という作業をしているからこそ、それにつられて学生もノートを取ることがほとんどなのである。映写内容を見て、説明を聞き、理解するので精一杯である。見て、聞いて、書き取る、という三つの作業を同時に行なうことはできない。少し考えればわかるように、「映写物を見て説明を聞く」ことと、「映写物とノートを相互に見ながら映写物の内容をノートに書き取る」ことは同時にはできないからである。いずれにせよ、このタイプの授業は説明に引き込まれ、その場ではわかったつもりにはなるが、あとには残らない傾向がある。つまり、TVを見ているときと同じなのである（4）。

いずれにしても、**説明的な授業**は、学生が自分の頭で考えながら主体的にノートを取るようなかたちでなければ、**その場限りで終わってしまう**可能性が高い。

■私語対策

大学の授業には私語がつきものになった。私語には大別して二つのタイプがある。

一つは授業が始まる前からの**私語が授業開始後もつづく**場合。学生のなかには、教師が教室に来るまでは何をしていてもいいだろう、という考えがある。それと好対照なのが次のような場合である。ある小学校の高学年のクラスでは、授業と授業のあいだの休み時間でも、休み時間の終わる一分前には着席して次の授業の準備をしよう、と自主的に話し合って決めている、というのである。この両者を比較すれば、教師が授業を始めるまでは何をやっていてもいい、という学生の精神的態度は、すでに小学生未満の劣悪なものだといわなければならない。

とはいえ、それでも教師が教室に入ったら私語は止めて授業に臨む、というのが、普通の考えである。ところが、教師が私語が止むまで待っていたりすると、いつまでも話しつづける学生もいる。教師が「うるさい！」「黙れ！」「始めるぞ！」というのを待っているのである。注意されるのを待つ、というか、注意されるまではやってもいい、と考えているのである。これも、「外部から秩序が与えられなければ、自主的に秩序をかたちづくることができない」という点で、サド・マゾヒズム的性格を示している。とはいえ、こういう場合、怒ってはいけない。何もいわずに、勝手に授業を始めてしまえば、そのうち静まるのである。怒られるまではやってしまえ、というサド・マゾヒズムに対して、敢えてヒットラーになることなく、肩透かしを食わせる方が痛快といえるだろう。

もう一つは、**授業開始後の私語**である。これは好意的に解釈すれば、授業がつまらない、わからない、といったところに起因するのかもしれない。しかし、もう一つの要因として、そばに話し相手がいる、ということもある。つまり、大学の授業では座席はどこに座っても自由であるから、学生は仲の良い友だち同士で座ることが多いのだ。そのことが授業中の私語の遠因になっているのである。この点に注目して、「座席指定制」を取っている教師もいる。わたしは第2章3節で触れたように、座席指定制を手っ取り早く出席を取る方法と位置づけていたが、実は私語対策としての座席指定制というのがあったのである（島田 2001）。その骨子は、同じ専攻同士の学生を隣合わせに座らせない、ということのようである。つまり仲良しグループをばらばらに引き離せば、必然的に話し相手が周りにいなくなるから、私語もなくなる、というのである。これも理にかなった見解だと思える。

しかし同時に、そこまでしないと私語がなくならない、という学生にも問題がある。それはどのような点か。まず、学生側の問題として、「孤立」を恐れる、という心性がある。孤独になって勉強に向かう、ということができないのである。隣の仲良しを相互にけん制していないと不安なのである。まさにアメリカの社会学者**デイヴィッド・リースマン**の「**孤独な群衆**」というにふさわしい（Riesmann, 1950 =[1964] 2013）。内田義彦はクラシック音楽を聴く場合、たとえ家族であっても、お互いが孤独になって聴こうとしなければ、鑑賞することはできない、と指摘したことがある（内田義彦 1974: 210）。授業も全く同じである。授業中でもしゃべりつづける仲良し同士は呼び出して、「孤独への不安」を乗り越えるように意識させる必要がある。その一方、教師側の課題として、退屈さを引き起こすような間延びした授業は避けなければならない、という問題は残るだろう。

■討論的授業の失敗例1　展開の不発

教師の問いに対して学生が積極的に発言し、相互の議論で授業が展開していけば、それは理想的かもしれない。とりわけ、双方が事前に周到な準備を行なっていて、真理をめざして先鋭な議論が展開するならば、これぞ大学の授業の醍醐味というべきだ。そしてもし、教師が学生に論破されてしまったら、そのとき教師は自分には能力が欠けていたと素直に認めて、潔く辞めるべきだろう。とはいえ、教師と学生が命をかけて授業に臨むなどとは、日本の大学では考えられないことである。

アメリカの大学の学生は教師によく質問する、といわれる（磯村 1981: 70）。とはいえ、ただ単に質問すればいいというわけでもない。授業の流れに沿った適切な質問をすることが求められるのである。そうでなければ、授業は混乱してしまう。

質問が数多く出される、とか、対話がすすむ、とかいうのは、形式的な側面での話であって、実際には十分な準備と、議論が議論を呼んで予想を超える展開がもたらされることが望ましいのである。だが、たいていは「一往復限り」の細切れの対話が集積されていくだけだ。話のきっかけはつねに教師の側が提示しなければならないのだから、これでは、対話がむしろ重圧となってのしかかってくることになる。

■討論的授業の失敗例2　サクラをおく

ある年に行なった社会学概論の授業では、ゼミ（社会学演習のこと。ゼミナールの省略形）に参加していた数人の学生が前方の座席に座っていて、こちらの問いや話に敏感に反応してくれたことがあった。彼らは、マルクスやウェーバーの社会理論をある程度知っていて、さまざまな理論を取り込もうという意欲にあふれていたのだった。そういう学生が数人でもいると、授業の「乗り」は格段によくなる。大半の学生は彼らがわたしのゼミに出ているなどという事情も知らなかったことだろう。だが彼らの反応が多くの学生に知的刺激を与えることになる。こういうときは対話も討論もすすむ。そして授業を行なう教室は**開放された空間**になる。

しかし現実には、このような授業ができる年は多くはない。そこでその代替案として、「サクラ」をおく授業というものがあるようだ。ある大学の法学部での授業に、次のような事例がある（尾島 2000）。大人数の講義形式の授業では年度初めの授業で、教室の前方に座って、教師に質問したり、教師の質問に答えたりする学生を募集する。彼らには、毎回、事前の準備をして出席し、教師のパートナーとして授業を円滑にすすめるための協力をする、という役割が求められる。これが「サクラ」の役である。もちろん、見返りがある。それは、「単位の取得を保証する」というものだ。

この「サクラ」を使った授業は、数年のあいだはそれなりに成功していたようである。ところが途中からおかしくなってくる。学生の間で話が単純化され、「あの授業のサクラ役の募集には応じた方がいい。単位が確実に取れるから」という情報が広まっていく。そうすると、事前の準備をしないで授業に臨む学生が増え、「サクラ」の役を実質的に果たさなくなってしまった、というのである。

この事例は「単位」を交換条件にしてはいけない、ということを示している。学生は「前方の指定席に座って毎回出席していれば単位は保証される」と解釈して、授業に対する緊張感を欠落させてしまうからである。

以上の四つの側面の検討をつうじて、教師と学生が授業を行なう際の基本的な精神的態度をまとめておこう。

学生はまず、時間的な余裕をもって**事前の準備**を行なう必要がある。準備に時間をかければかけるほど、授業そのものへの期待は大きくなる。それによって、真理を追究する人としての性格は強化され、「孤独への不安」は極小化されていく。事前の準備として最低限、テキストの該当箇所を読んでおく。このことは、学生が授業の主体的な参加者となること、自分が加わることによって、授業が展開したり変化したりする可能性があることを意味する。授業には学生と教師がともにつくっていく、という側面があるということである。

ここからもう一歩すすんで、**教師への敬意**が生まれるかもしれない。教師は一応、その分野における先行研究者である。教師に対する敬意とは主として、この「知識の落差」に基づいて発生する。学生にとってみれば、教師は自分たちの前で最大限の能力を発揮してもらいたい存在である。そのためには、教師の能力を最大限に引き出すように仕向けていけばいい。これは、教師を乗せて、最大限の能力を発揮してもらい、自分たちはそれを享受しよう、という精神的態度である。本来、授業における「サクラ」は教師が用意するものではなくて、学生たちが自前でそうなるべきものなのだ。

その一方で教師の側からすると、まず、授業がおもしろく展開していくように、**事前の「問い」（問題設定）**を十分に考慮しておく必要がある。また、授業の展開する方向性をあらかじめ決めておく必要はない。むしろ、どのように転がって行ってもいい、というような、度量の広さが必要である。これまでに考えたこともなかったような問題に出くわすかもしれないし、展開が行き詰まることもあるかもしれない。そうなったらそれでもよい、というだけの器量がほしいのである。

このことはまた「**ライヴ感覚**」とも関係してくる。授業はまさにその場限りの生き物なのである。何かが予定されているわけではない。そこに何をつけ加え、そこから何を手に入れるのかは、すべて、参加者の主体的なかかわり方にかかっているのである(5)。

もちろん、最初からうまくいくということはまれである。だから、教師は授業の雰囲気をつくっていくことも重要である。特に、「何をいってもいい」、つまり「**本音をしゃべってもいい」という雰囲気**が大切だ。学生は授業という場において、どこまでしゃべっていいのか、どこまで書いていいのか、といったことを見計らっている。教師が建前的な次元でしかものをいわなければ、学生もまた建前的な次元でしか参加しない。それでは「真理」にたどり着くことは不可能である。

3　自学自修型の授業スタイル――再び「社会学概論」から

■授業の方針を示す

授業は生き物だから、その内容をあらかじめすべて決めておく必要はない。問題はむしろ、その前提にある。

まず、第一回目の授業では、この科目の授業全体にかかわる見通しを示しておく必要がある。学生側からすると、この授業ではいったいどのようなことをやり、また学生自身はどのような態度や行動を取ればよいのか、はっきりとはわからないのである。だから教師の側の基本方針を明示しておく必要がある。ある年の社会学概論では、授業の前に予習をしてもらいたい、そのために前もって課題を出すので、その課題に沿ったレポートを提出してもらいたい、とした。

もう一つは、大学の授業とはどのようなものなのか、基本的な考えを示すことである。取り上げたのは、**自学自修と単位制**との関係、**出席率**、**成績評価の基準**などである。学生側にしてみれば、そのようなことはすでに知っているのかもしれない。あるいは何となくわかっているのかもしれない。しかし大学固有の文化がはっきりとしなくなっているがゆえに、きちんと説明しておく必要がある。そうでないと、出席していなくても試験で合格点を取れば単位は出るだろう、などと考える学生がいるかもしれないのである。

それに加えて、今回は**荒川洋治**（現代詩作家）のいう「**大学における勉強法**」を紹介し、補足的な説明をつけることにした。その勉強法とは、次の四点を骨子としている（6）。

(1) **情報に支配されずに自分の頭で考えよう**
(2) **授業で使うテキストは大切にしよう**
(3) **先生の先生を想像してみよう**

(4) まじめに勉強している学生のそばにいよう

(1)は、以下のように補足する。現代は情報が過剰で安易に手に入る環境である。しかしすべてが正確とは限らない。やはり疑ってみることが重要だ。一つの情報に安易に飛びつくことなく、同一の問題に関して複数の論点を比較検討してみる、といった態度が求められている。

(2)は、荒川が英語の授業で使っていたある作家の作品が随分のちに役立った、というような経験談を語っていた。授業で使うテキストは教師が考え抜いて選んだものなので、大切に扱いたい、十年後、二十年後に役立つこともあり得る、といったことを述べていたが、全くそのとおりである。ここで使うテキストもただちにすべてを理解できないかもしれない。一年後、あるいは卒業する頃にでも読み直してもらえば、感じ方は確実に変わるだろう。その意味で、テキストは「一生もの」といってもよいのである。

(3)は、小学校と中学校時代にわたしが出会った何人かの先生を紹介してみた。詳しくは触れないが、将来、学校教師になろうと考えている学生には、何らかの参考になる話であっただろう。

(4)は、学生同士がお互いにいい影響を与え合おう、という趣旨なのだと思われる。それとは反対に、さぼりがちな学生の姿をみて、「ああいう奴がいるのだから少しくらい怠けてもいいだろう」などと思ってしまうと、学生同士が悪い循環にはまり込むことになってしまう。最初は、みなまじめ。学生は相互に模倣し合っている。そこに一人、模倣からはずれて「怠け」を「創造」する学生が現れる。そうすると、それを見習う学生が次々に出てくる。やがて、大学全体が娯楽や社交の場と化すわけである。このメカニズムはまさしく、フランスの社会学者ガブリエル・タルドの「模倣の法則」そのものである（Tarde, 1890=［2007］2016）。そうはならずに、まじめにやってもいいんだよ、というのが⑷のメッセージといえるだろう。

ということで、授業の本論に入る前には、前提として、授業の心構え、というか、あるいは学生の取るべき態度について一定の枠組みを示しておく。それとともに授業の方針、使用するテキストの意図、評価基準などを提示しておけば、学生はこの授業でどのように振る舞えばよいのか、その大筋をつかむことができる。これはつまり、教師のフレームに学生を乗せるきっかけの一つ、ともなるものである。

■自学自修型の授業スタイル

第二回目の授業からは予定どおり、毎回、何らかのかたちでレポートを書いてもらうことにした。授業時に書いてもらった課題とあわせると、表3・1のような主題である。

これらのうち、1、7、8は授業時に書いてもらったレポート。それに対して、2、3、5、9は純然たる予習のためのレポート。4、6は授業のなかで説明した枠組みを使って、具体的な問題を分析したり解釈したりする、という一種の復習問題である。それぞれのレポートは、1、7、8を除いて、授業の始めに提出してもらい、翌週までに、こちらですべて目を通し、結果を名簿に転記する。だが学生には返却せず、全般的な評価と注意点などを話すだけにとどめた。以前は、予習レポートはすべて5段階で評価して返却していたが、返却には意外なほどに時間がかかり、しかも毎回の評価に大きな変化もみられないので、それは止めて、こちらで保存することにした。また、今回のレポートの扱いは提出の

表3.1 「社会学概論」のレポート課題

1. 小中高校と大学での勉強の違い
2. ブラジルの国旗と社会学の関係
3. 市民社会の原理・原則とは何か
4. ボールディングの三角形を使って、自分の知っている学校を分析する
5. マルクスの描いた社会のモデル
6. 商品を売るための主意主義的な方法
7. わたしが経験したゲーム的状況
8. VTR「ゲーム理論」をみて、素材として使われている映画と音楽の題名をメモし、併せて、気づいたことをまとめる
9. ナウル共和国について

有無を平常点に反映させ、基本的には内容の善し悪しは問わないことにした。

これらのレポートの趣旨は、**自学自修を実質化**することである。実際の授業ではまず、レポートで調べたり分析したりした内容について、数名の学生を指名して、発表してもらったり、黒板に図を書いて説明してもらったりした。そのうえで、説明を聞いている学生に意見を求め、意見が出尽くしたと判断した段階で、わたしの方でまとめをし、さらにレポートの課題から導かれる発展的な内容を説明した。討論的な授業といっても、事前の調べが行なわれていないと浅薄なものになってしまう。また事前の調べが多方面に及ぶと、学生の負担が大きくなって、うまくいかなくなることもある。だから、学生による調べは基本的な事項にとどめ、そこからの発展は現実的にはこちらが主導していくよりほかにない。

事前のレポート課題を出して、少しでも自学自修を実質化し、多少なりとも学生が意見を出し合う授業を試みようとしたわけである。

■試験結果の分析

この年の授業は前年度よりもすすみ具合が遅くなっていた。おも

な原因は、学生の発表を取り入れたからである。そこで、試験は一回のみとし、七月の初めに実施した。問題は前年度と同様の形式で10問出し、配点は各10点、部分点は5点とした。試験の予告をしたのは一週間前、試験範囲は授業で扱ったところのみ、とだけ説明した。

試験問題は表3・2のようなものである。ここではあわせて、受講した学生の**平均点**を付記しておく。実際に試験を受けた学生は86名で、平均点は57・3点だった。出題した問題は、大学における社会学の試験問題として一定の水準を確保したものと自負している。もっと突っ込んでいうと、日本で社会学者と呼ばれている人をランダムに百人連れて来てこの問題をやってもらっても、60～70点くらいが平均点になるのではないか、と予想する。特に、(7)と(9)はわたしの授業を聞いていないとお手上げ状態だろうし、(6)と(10)にある「主意主義」というのも社会学の業界で一般的に流布している内容よりも一段階を画すものになっているからである。その意味からいえば、57・3点という平均点は一定の水準に達したと評価することはできる。

ただし、今回は同様の形式で行なった前年度の「中間試験」の平均点63・4点を下回っている。その原因について、教育実習で四回公欠扱いになっていた三年生があまり準備をしないで試験を受けたことによるのではないか、と推定する。学年別の平均点が表3・2の下段のようになっているからである。また、一年生の平均点が二、四年生より高くなっていることも注目されるが、その点はのちに触れることにしよう。

ここで検討したいのは、各問題における平均点のばらつきである。最低2・6点から最高8・1点という具合にかなりの差がある。この差がいかなる理由に基づくものなのか。

表 3.2 「社会学概論」の試験問題と平均点

授業内容を踏まえて、下記の項目を説明しなさい

全学生の平均点

(1) マルクスの描いた社会のモデル	7.4 点
(2) ジョン・フォン・ノイマン	2.6 点
(3) Social Studies	5.0 点
(4) ゲマインシャフト（Gemeinschaft）	6.5 点
(5) 二重の意味で自由な労働者	4.4 点
(6) 商品を売るための主意主義的な方法	8.1 点
(7) ナウル共和国における社会合理性	4.4 点
(8) ordem e progresso	8.1 点
(9) ボールディングの三角形	7.2 点
(10) 郵便制度の主意主義的な説明	3.6 点

学年別平均点

1 年（N = 9 人）：63.9 点
2 年（N = 62 人）：59.0 点
3 年（N = 11 人）：28.6 点
4 年（N = 4 人）：57.5 点

平均点の高い(1)(6)(8)(9)はすべて予習ないし復習の課題として、自分自身で調べてもらった事項である。それに対して、(3)(4)(5)(7)(10)は授業で説明した項目である。これら5項目のあいだにも点数に開きがある。

比較的点数の高い(4)「ゲマインシャフト」は社会学の最も基本となる事項であり、すでに知っている学生も一定数いたと推測される。また、授業時に基礎概念として重要だと指摘していたから、試験に出ることは予想されたはずである。

(3)「Social Studies」は授業の二回目で、社会学と社会科学と社会科の関係を述べた際に説明している。この社会学概論の授業に出席している学生の大半は社会科の教員免許を取ろうとしているわけだが、自分で選択した教科の英語による名称が正確にわからない、とは情けない話ではある。不正解の大半は社会科学や社会学と混同したもので、正確な理解に至らなかった。

この正確さが不足する、という傾向は、(5)(7)(10)にもあてはまり、何となくわかってはいるが、言葉ではうまく説明できない、というレヴェルにとどまってしまう傾向がみられる。

最も平均点の低い(2)は、社会学の形成史における決定論から非決定論への流れのなかで登場した同時代の何人かの人物のうちの一人である。ただしそのときは軽く扱った。というのは、ジョン・フォン・ノイマンは社会学者ではないからである。だが再びノイマンは登場する。それは**ゲーム理論**の創始者の一人として、ゲーム理論を扱ったＶＴＲのなかでである。そのときは、ノイマンの肖像写真とともに、番組に登場する「教授」が「わたしの尊敬するジョン・フォン・ノイマン博士は……」と紹介している。し、番組のなかで使われていた映画『博士の異常な愛情』の主人公「ドクター・ストレンジ・ラヴ」はノイマンをモデルにしたもの、といった説明もあった。だから注意深くＶＴＲをみていれば難なく解答できたはずなのである。だが結果は、２・６点という最低水準にとどまってしまった。

以上から、正確な理解度に関して次のようなことがいえるだろう。まず、ある事項に対する**正確な理解は、自学自修によって得られる**、ということである。つまり、自分が動いて獲得し、それを自分の頭を使ってまとめた情報はそう簡単に忘れることはない。それに対して、授業において教師の側が主体となった説明では、学生はそれをノートにきちんと書いていても、理解度には差が出てくる。その結果、全体としての平均点は下がることになる。さらに、ＶＴＲをみる方法では、そのときはわかったつもりでも、記憶からはすぐに消えてしまう可能性が高い、ということである。

4　自学自修型授業の成績評価

■成績評価と自己評価

学期末の成績は平常点50％、試験50％の比率で出す、とすでに予告していた。**平常点**とは出席点ではない。「出席一回につき5点」などということはあり得ないし、あってはならない。出席することは当たり前であって、それが点数に直接反映されるなどということはやはり小学生未満の低レヴェルといわなければならない。ここでいう平常点とは先に触れたとおり、授業時に提出した**レポートの点数**である。ここでは提出したかどうかが問われる。ただし、遅れて提出されたレポートや、授業が始まる直前にノートを切り取って5行程度書いたようなレポートは減点である。この平常点のもつ意味は大きく、毎回提出していれば50点は確保される。仮に試験の点数が40点だとしても、成績評価は平常点50点、試験20点、合計70点で、合格となる。さらに、レポート提出は「(自学自修したうえで) 出席していることの証し」とみなしているので、4回提出しないと、「8割以上の出席」という履修要件を満たさず、成績は自動的に「欠席」になる。以上を踏まえて、今回試験を受けた86人の成績結果をみておくと、合計点60点以上の合格者は72人、59点以下の不合格者は9人、履修要件を満たさない欠席者は5人、となった。

最後の時間は、授業全体を簡潔にまとめたあと、学生にこの授業に関する**自己評価**を書いてもらうことにした。すでに試験の答案は本人に返却し、答合わせも済んでいる。そのうえで、成績評価は改めて、レポート提出による平常点と試験の点数を「50対50」の割合で合計する、と説明した。それを前提に、自己評価で何点くらいか、その理由も書きなさい、というのがここでの課題である。その結果、学生は自己評価には全般的に厳しく点数化していることがわかった。点数を書いていた75人の学生の平均点は65・6点、その75人に対するわたしの評価の平均点は74・8点だから、学生の自己評価は10点近く辛いことになる。学生の書いた「理由」を読むと、その原因は平常点の評価が厳しいことにあることがわかった。レポートがかならずしもうまく書けなかった、という理由づけが意外に多かったのである。また、この自己評価は記名式だったので、無責任なことは書けないだろう、という意識が反映していたのかもしれない。

その一方、結果的に不合格になった9人のうち8人が自己評価を書いているが、この学生たちの自己評価の平均点は51・6点、それに対してわたしの評価の平均点は48・1点と、点数のうえでは逆転関係があった。その要因は、60点以上の合格点を書いている学生が8人中6人いたからである。これは願望的な評価であって、客観性からは隔たっている。最後の望みを書いたと解釈するのが妥当だろう。

ちなみに、この不合格者の不合格理由を「自己評価」から追跡してみると、実習に関係して「公欠」していて授業がおろそかになってしまったと推定される学生が4人、レポート未提出が2〜3回あって、全般的に授業の流れに乗ることのできなかった学生が5人と思われる。その5人のうちの1人の学生が書いている自己評価は、次のようなものである。

自己評価30点。レポートもすべて提出しているわけでなく、テストも一夜漬け。授業はほとんどが寝ている。だからテストがとれなくて当たり前だったと思う。

これは驚くほど冷静かつ客観的な評価だと思われる。そして「これでは仕方ないね。次回からはしっかりやりなさいよ」というしかない。なお、この学生に対するわたしの評価も30点であった。

■一年生の履修問題

この「社会学概論」は制度上、一年生から履修できることになっている。ただし社会科専攻の学生はこれまで、語学の授業などと重なっていて実質的には二年以上からの履修になっていた。だがこの年は時間割が変更になったために履修可能になったようだ。とはいえ、一年次前期にいきなり社会学は無理がある、というのが、わたしの予感だった。**社会現象を理論的な分析枠組みを使って切っていく、という思考法自体に慣れていないためである。**

そのこともあって、この年度では表3・1にあるように、大学の授業の特徴を考えてもらったり、久しぶりにブラジルの国旗を使って「ブラジル国旗と社会学の関係」を考えてもらったりと、授業の流れに乗るためのきっかけを与えていこうとした。そして試験前には、「特に一年生はここで、命がけの飛躍をしなければならない」と激励（？）したりもした。結果は一人の脱落者も出ずに、学年別では最高点ということになった。実際、彼らは授業でもつねに前の方の席に座り、積極的に反応していたように思う。つまり、「サクラ」の役割を実質的に担っていたのである。そのうえ、レポートの提出率も98％に達していたので、授業の流れに乗っていたことは明らかだった。

一年生だから無理というわけではなく、少々わからなくても継続的に授業に出席し、課題をこなしていけば、道は開けることが実証されたのである。

5　危険な誘惑

■大学の大衆化

進学率が50％に達し、大学もすっかり**大衆化**された。もちろん、単なる数字だけの問題ではない。マス・メディアをつうじて伝えられる学生像も、**タルド**、**フロム**、**リースマン**といった社会学者の提起した「**群衆―公衆―大衆**」の分析枠組みにすっぽりとはまるかのようである。そうしたなかで一つ、印象に残る事態を紹介しておくことにしよう。

ＮＨＫのあるＴＶ番組でのことだ。その大学の学長は学生の意見を聞きながら大学を変えていきたい、という。そこで、一人の学生が提案する。校門から校舎までの道が殺風景なので、パラソル（日傘）やテーブルやイスを置いて、学生が話したり休憩したりできるようにしたらどうか、と。大学にパラソルだと、まるで歩行者天国かお祭りのようである。およそ学問の場にはふさわしくない。ところが、その学長は学生の意見に賛同し、本当に通路を歩行者天国のようにしてしまったのである。

これは大衆に迎合した大学の姿を示すものだ。学生は大切なお客さんなのだから、その意見は最大限に尊重されるべきものと考えられているのだろう。今日、これに類することは数々存在し、大学は**大衆社会**に飲み込まれようとしている。だが、大学が本来果たすべき役割は大衆社会から一歩距離を置いて、知識人をつくることのはずだ。そのためには大学がもっていた独自の原則を学生にたたき込む必要がある。大学という存在そのものが大衆社会論の枠組みでの分析対象になってしまったら、もうそれは末期的状態といわなければならない(7)。

わたしはこのような考えから、自学自修原則の徹底化を企図してきたのだが、この原則の周辺でも、**大学の死**につながるような危ない誘惑がいくつか控えている。

■シラバス

その一つは「シラバス」だ。これは従来からの用語でいえば「**講義概要**」のことだが、いつのまにかアメリカ流にシラバスなどと呼ばれるようになった。これについて、「何を、どのように学び、何を習得し、何を基準に評価されるのか」を明確にして公開し、「学生が授業に参加し続けな」くてもレポートが書け、試験で教師から良い評価が与えられるようにすべきである、という意見がある(中野 2007: 238-239)。これは、「**学生は消費者(お客様)**」という考えの徹底化のうえに出てくる見解である。それに対して、シラバスは「高等教育の自殺の一つの徴候」だとする見方もある。

学びというのは、自分が学んだことの意味や価値が理解できるような主体を構築してゆく生成的な行程です。学び終えた時点で初めて自分が何を学んだのかを理解できるレベルに達する。そういうダイナミックなプロセスです。学ぶ前と学び終えた後では別人になっているというのでなければ、学ぶ意味がない(内田樹 2007: 149-150)。

この指摘は、シラバスのなかに必要以上に授業の情報を盛り込んでしまうと、学び本来の姿が見失われてしまう、ということである。それはちょうど、犯人が最初からわかっていて推理小説を読んでいるようなものだ。

わたしはある程度まで、授業のねらい、全体の流れ、成績評価の基準などは明示しておいてもよいと思う。しかしそもそも授業はライヴなのだから、予定は予定であって不確定である。だから**詳細なシラバスには意味がない**。むしろ、最初の授業で教師の意図する授業について説明し、学生が授業に臨むうえでの準備や心構えなどをしっかりと話して、共通の理解をもつことが重要である。つまり、教師の授業方針を明示しておけば、学生も自分の取るべき行動について準備ができるようになる。なお、前者の意見における「授業に出席しなくても、レポートを書いて良い成績が取れるためのシラバス」は論外である。授業に出席することは、合格点を取るための前提条件だからである。

■学生による授業評価

第二の誘惑は「学生による授業評価」である。学期末に「あなたはこの授業についてどのような感想をもちましたか」といった始まりで、「授業に満足したか」だとか「この授業をほかの学生にすすめたいか」などといった思いつき的な質問項目が並ぶ。これは要するに、「顧客満足度調査」である。学生はやはり「お客様」という位置づけなのだ。

しかし大学の原則からみれば、授業はそういったかたちで評価すべきものではない。これに関連して、次のような指摘がある。学生による授業評価のねらいには本来、授業内容の改善、授業における説明提示の改善、学生の活動の改善、といった要素があるはずなのに、実際には「教師の教授技術への評価」と化している。その種の授業評価には学生が授業をつうじて得たもの、そこから発展していったものへの問いがない、というのである（小樽商科大学教育開発センター 2003)。わたしの言葉でいえば、授業は教師と学生がともにつくり上げていく「生まもの」であるから、**学生の自己評価を含む**ものでなければならない。たとえば、学生の授業以外での自修時間を尋ねて、「平均1時間」などという結果になったとしたら、その授業はすでに大学の「授業の名にあたいしない授業」になる。もし授業評価をまともに行なうとしたら、根幹にある揺るぎない原則から派生していく質問項目で構成しなければ、無意味な調査、ないしは有害な調査に終わることになる。

■成績評価

第三の誘惑は成績評価である。**大学の成績評価は実は大変厳しい**ものである。100点満点で、80点以上を「優」、70点台を「良」、60点台を「可」とし、ここまでが合格、59点以下は「不可」で不合格である。「**優**」とは文字どおり「優れている」という評価。「**良**」は「良好」ということだ。では、「**可**」とは何か。「合格の最低基準を満たしている」などといった説明では説明になっていない。「優」「良」の次にくる「可」とはその順序からいって、「普通」ということである。これを5段階評価に直してみよう。「優」は5、「良」は4、「可」は3、である。ということは、5段階評価で2と1に値する成績は不合格である。高校では30点未満を「赤点」と称して不合格にするのがならわしだった。その場合の評価は、5段階の1である。大学との違いは、5段階で2を取れば合格で、単位は取得できるということとだ。その意味で、高校はまだ甘い。ところが大学は2の評価では落第になるのである。2の評価とは100点満点でいうと、30点以上59点以下、となるはずである。

成績不良の学生に限って、学期末近くになると「可でもいいから単位をください」といってくることがある。その種の言葉を聞くと、「可でもいい」とは何事だ、可とは普通のことだ、「サボっていて普通」などという評価はあり得ない、といつも思うのである。あるいは卒業間際の四年生で、試験の答案の最後に「わたしも長期にわたる就職活動の結果、四月より関東××局に就職することが決まりました。先生の授業で学んだことを今後の仕事に生かしていきたいと考えています。どうもありがとうございました」などと書く学生もいる。しかし成績評価はこの種の文章に惑わされてはいけない。あくまでも答案本文に対する評価を反映させたものでなければならない。このような文章を書く学生に限って、出席不足であったり、試験の出来が悪かったりするからである。そして、教師の恩情を引き出すために、試験を受けたあらゆる科目でこの種の文章を書いているのである。

学生が合格点に達するようにふだんの授業で方向づけていくことは、教師として当然である。しかし教師としてやるべきことをやったら、成績評価の最終段階では学生を突き放すことも必要になる。そうでなければ、実質的に学んでいない学生に形式的に単位を与えて卒業させてしまうことになる。これは授業の安売りであり、大学の自殺行為そのものといってよいだろう。

6　自学自修型授業の成果

■学生の自己評価文

経済学者の森嶋通夫は「大学は人の嫌がる苦しい場所でなければなりません」という（森嶋 1985: 56）。確かに、大学の原則を徹底化させていけば、大学はそういう場所になるのだろう。では、その先には何があるのだろうか。最後に学生から提出してもらった自己評価の文章はその一端を示しているのかもしれない。ここでは、ランダムに選んだ25人の受講学生の自己評価を便宜的に[1]から[25]までの番号をつけて引用してみたい（表3・3）。

まず目につくのが、「レポートが必ずしもうまく書けず、不本意である」というものである（[4][5][6][7][11][12]など）。こちらが意図していることが必ずしも理解されていなかったり、調べるための時間が不十分であったり、また適切な資料にたどり着くことができなかった、という場合もあるだろう。わたしが指示したのは、一つのテーマで必ず複数の資料にあたって、比較検討することであった。これは、資料に安易に飛びつくな、ということでもある。この点はおおむね守られていたように思う。また、回数を追うごとにレポートの質も良くなっていった。

次に、授業内容に関して、「わかったつもりだったが、試験の結果は思わしくなく、表面的な理解にとどまっていたのではないか」というものだ（[1][3][15][16]など）。これは、「理解する」ということを自分の経験や観察などに照らし合わせている場合と、ただ字面でわかったつもりになっている場合との違いなのかもしれない。

また、社会学概論の最も重要なキーワードは「**主意主義的視点**」であるが、これも「わかったようで、わからない」微妙さがあるようだ（たとえば[16]）。これについては**タルコット・パーソンズ**の原典『**社会的行為の構造**』（**Parsons 1937=1976-89**）に即した抽象的な論理の次元での説明法もあるのだが、やはり市民社会の発展という歴史的な現実を踏まえて、理解した方がいいだろう。そのような考えに基づいて、わたしは授業でまず、一九三〇年代における資本主義の変質とのかかわりでこの概念を説明したわけだが(8)、今度はその枠組みが多様なかたちで変形していくことになって、わかりにくさにつながったのかもしれない、とは思う。

それとは別に、今回、主意主義に関しては興味深い「出来事」が二つあった。

一つは、授業の後、「主意主義がわからない」と質問に来た学生がいたことである。わたしは改めてその学生に説明した。だが、わかったのか、わからないのか、反応ははっきりとしない。そこで、「この学生は社会科学的なセンスに欠けているのではないか」などと内心では思ったのだが、その後の試験ではこの学生はかなりの高得点を取ったのだった。答案を返すとき「相当勉強したね」といったのだが、そのときも反応ははっきりしなかった。この学生の場合、反応の有無は理解度とは無関係のようだ。

もう一つは、すべての授業が終わった後で、わたしの部屋をたずねて来た学生との会話である。そのときも、話のなかで「主意主義というのがよくわからない」といった言葉が飛び出した。わたしは手っ取り早く、「**社会現象を人間の具体的な振る舞いから説明すること**」、あるいは「ある社会現象が〝Aならば B〟と形式的に捉えられていることに対して、**社会現象を具体的な人間の行為に置き換えてとらえ**

試験の点数などと合わせても、自分はこのくらいだと思う。でも、もう少しテキストを読めばよかったなと反省しています。(2年)

[9] 自己評価70点。社会学概論はほとんど毎週レポートがありましたが、期限に遅れずに全て出しました。一度、観察実習で休んだので、授業時にやったレポートは出せませんでした。レポートを書くときは、インターネットだけでなく、図書館に行く努力はしました。しかしテストは70点だったので、自己評価は70点くらいだと思います。(2年)

[10] 自己評価60点。レポート課題を毎回提出し、講義内容も理解していたが、試験となると問いに関して論述がうまくできなかったので、理解度が浅かったと感じたからである。(2年)

[11] 自己評価70点。まず、この授業でのレポートをすべて出すことができた。また、久しぶりに自分の頭をつかってレポートの作成にとりかかれた。そして試験でも7割とることができた。残りのマイナス30点はというと、レポートをつくるうえで、ついインターネットに頼ってしまったりと、満足しきれなかった部分と、試験でできなかった部分である。(2年)

[12] 自己評価？点。授業を通して自分の身についたものとそうでないものの差が少し多かったと思う。レポートなど課題をこなした内容のものに関しては頭に残っていて、テストでも答えることができた。しかしノートを見返しても「あれ、これ何だっけ？」というものもあり、ただノートをとるだけになってしまった内容もあった。自分で学習したり、復習することが大切なんだと思った。全体としてはテストの成績はそこそこだったので良かったと思うが、毎回のレポートの内容が少し薄っぺらいものになってしまったことが残念だと思う。(2年)

[13] 自己評価80点。他の授業より勉強したし、(レポートなどがあったから) 授業内容もよく理解できたので80点くらいです。言われたからやるというのはよくないですが、先生が読んできなさいと言ったので教科書も読みました。(2年)

[14] 自己評価90点。この授業は毎回レポートが出ていたので、レポートを書くために色々と自分なりに調べて、勉強することが多かった。家に帰ってから大体その日に2、3時間は少なくとも勉強しました。ノートもきちんと取っていたので、復習もしっかりしました。だから試験前は3時間程度の勉強ですみました。毎回レポートって正直いやだったけど、ためになったと思います。自己評価として、自分は「90点」を自分にあげます。理由は上記にも記しましたが、毎回きっちり勉強したし、復習をしていたし、テストもそこそこ取れたと思ったからです。それに授業で学んだ事も身についていると自分は思ったからです。(2年)

表 3.3 「社会学概論」受講学生の自己評価

[1] 自己評価 75 点。社会学はやっていてとても楽しかったので、集中して授業に取り組めました。だからテスト前勉強でも授業が頭に残っていました。けれども完全に理解したかと言われると、そうでもなかったように思えます。そのように考えてマイナス 25 点にしました。他の授業よりも集中して取り組めたし、興味を持って意欲的に出来たことを評価しました。(1 年)

[2] 自己評価 80 点くらい。授業を公欠以外で一度も休まず出て、レポートも毎回遅れずに提出できたので。ただ、レポートの主旨を間違えてしまったことがあるのと、テストが 80 点だったのとで、20 点減点しました。約 4 ヶ月間、ありがとうございました。(1 年)

[3] 自己評価 82.5 点。レポートは毎回やってくることはできたが、書籍ではなくインターネットの資料を使ったのであまり出来のよいものではなかった。知識としては様々なものを身につけることが出来たのはプラスだと思ったが、深みを持たせるように自分で努力しなかったことは事実なので、もう少し努力すべきだった。それは点数に現れたと思う。(2 年)

[4] 自己評価 ? 点。理解出来ないままレポートを書いたときもあった。もっと時間をかけて考察したかった。毎回関心を持って授業を聞いていた。レポートも同様。この授業は内容が楽しく、社会学とは何か、色々考えさせられた。(2 年)

[5] 自己評価 65 点。レポートを毎回欠かさず提出できたが、質のよい調査や考察ができなかった。その結果、テストでも思うような成績を残せなかった。(2 年)

[6] 自己評価 70 点。レポートの出来がよくなかったから（初めは特に)。先生の出題意図とずれた意味で解釈したり、インターネットの情報に頼ろうとしてしまったりしたことがあった。時間をかけて調べたが、最後までよく分からないまま焦って書いたものもあり、正直提出したくないものも多かった。(2 年)

[7] 自己評価 90 点。試験は満点だったので、評価の半分の 50 点は確保している。残りの半分のレポートは毎回出してはいたが、内容が多少うすい感のするものがあったので、10 点マイナスとした。(2 年)

[8] 自己評価 75 点。完ぺきではないが、社会学について授業の内容はだいたい理解できたし身についたと思う。レポートもちゃんと提出できたので、

[23] 自己評価80点。ほとんど興味、関心がない科目であったが、レポートを作成する際にはインターネット、文献によくあたった。また、自分の考えも、そんなに妥協せず書けたと思う。(4年)

[24] 自己評価60点。理由は、試験にかけた時間が短かったからと、試験の点数が悪かったから。ただ、授業の内容自体は理解できていたと思うし、宿題も楽しみながら取り組めたのでこの点数になった。(4年)

[25] 自己評価60点。なぜならば、実習時の欠席により提出できなかったレポートが存在するうえ、勉強の成果を試験で発揮できなかったからである。(4年)

直すこと、そしてこの両方の視点をもつこと」といった説明をした。するとその学生は、「主意主義という言葉に惑わされてはいけないのですね」といって、ようやくわかったようだった。おそらく「主意主義」はわかる人にはすぐわかるが、わからない人にはなかなかわからないのだろう。その点を前提にして、今後は本書第6章のように体系的な説明をしてみよう。

その一方、教育実習とのからみを指摘している自己評価もあった（[19][20][21][22][25]）。実習期間中の四回が欠席になるのはやはり大きな損失であり、よほど覚悟して自修しておかないと授業に復帰することは難しい。その覚悟がはっきりしていて優秀な成績を収めた学生もいるが、そうでなければ、安易に受講すべきではないのである。

しっかりと授業に出て、確かな手ごたえを感じた学生もいる（[1][13][14][17]）。特に[14]は圧倒的な自信である。やはり学生としては、こうでなければおもしろくないはずだ。

最後に、[18]の評価は大変に興味深いものがある。最初は何のことやらよくわからなかったが、レポートに取り組むうちに次第におもしろくなっていった、というのである。これは、**「わからない自分」が授業をつうじて変化し「わかる自分」になっていった**ことを意味してい

[15] 自己評価60点。授業をちゃんと聞いて、ノートをとるだけでなくメモもとっていたので、授業内容は割と理解できていたと思う。また、レポートも毎回提出していた。しかし実際にテストを受けてみると、自分の理解には甘さがあったことがわかった。わかったような気になっていただけだった。表面部分だけ理解して、肝心な部分は理解できていなかったように思う。(2年)

[16] 自己評価？点。授業内容と先生の進め方については興味を持つことができた。けれど、授業を聞いても、よく理解できないところがあり、あやふやな感じを残したままおわってしまった。具体的に言えば〝主意主義〟が分かったようで、本来の意味が分からなく、少し気持ち悪い。(2年)

[17] 自己評価90点。授業には毎回出席していてレポートも提出日に毎回提出したから。また、「これでいいや」という気持ちでなく、課題に対して真摯に向き合ったことで、この社会学概論という講義を有意義に受講できたため。(2年)

[18] 自己評価？点。前期15コマ履修したことを後悔した時はすでに遅く、社会学概論では毎週のようにレポート課題が出されました。ピンとこない課題に取り組むことで、（？）が（！）へと変化し、レポート期日がせまる中でもさらに深く知りたいという気持ちが芽生え、おもしろい!! とさえ思うようになったことが何よりの収穫です。オーギュスト・コントは一生忘れません。ありがとうございました。(2年)

[19] 自己評価68点。実習に行っていて、最初のほうの授業に出ていなかったという危機感もあり、実習以外では一度も欠席していなかったので、こんなにまじめに出席した授業は大学に入って初めてだと思いました。でもテストが全くできなかったので、68点。(3年)

[20] 自己評価60点。教育実習中で受けられなかった授業のところの勉強時間が足りなかったと思う。授業にまじめに取り組んだ。(3年)

[21] 自己評価40点。教育実習で完全に講義を受けた形にはなっていないので、まず半分以下。内容理解も後半だけでは不十分。前半はノートなどは知り合いのつてであったが、説明を受けていないとさすがにわからない。初回から実習だったのでテキストを買いそびれてしまって自習もあまりできなかった。(3年)

[22] 自己評価75点。教育実習期間以外は毎回出席し、レポートやテストの勉強もしっかりしたので。(3年)

る。実はこれが**「学ぶ」ということの本質**なのである。

> 自分にとってその意味が未知のものである言葉を「なんだかよくわからない」ままに受け止め、いずれその言葉の意味が理解できるような成熟の段階に自分が到達することを待望する。そのような生成的プロセスに身を投じることができる者だけが「学ぶ」ことができます。ですから、一度学ぶとは何かをしった人間は、それから後はいくらでも、どんな領域のことでも学ぶことができます。というのは、学ぶことの本質は知識や技術にあるのではなく、学び方のうちにあるからです（内田樹 2007: 152-153 傍点は原文）。

おそらくこの指摘と次の指摘は、同じことを述べているのだろう。

> 大学の授業がうまく機能した場合、学生諸君は「考える、相対化する」ことを身につけ、そして価値観が心地よく変わったのを実感することができます（大磯 1996: 95）。

これらの指摘を、わたしにいわせれば次のようになる。

「これから社会学の授業をすすめていきます。みなさん、いろいろといいたいことはあるかもしれません。しかし文句をいわずにしばらく我慢してわたしのいうことを聞いてください」。

こういって、わたしの意図する授業の枠組みに学生を乗せるのである。これが、**教師と学生の「フレ**

ームの共有」である(9)。授業の根幹には、まず、この「共有」がなければならない。

■苦しさゆえの楽しさ

これを前提に、自学自修を徹底化するためにレポート課題に取り組んでもらうことになる。学問とは書いたものがすべてだから、レポートへの取り組みは学問することの核心的な位置を占めている。レポートを書く前提には自分の頭で考えることがあり、考える前提には文献を調査してその内容を理解するという作業がある。つまり、書くということは単に書くのではなく、調べる、読解する、思考する、といった一連の過程があり、それらを前提とするのである。教師はその手助けをすればよい。実際の授業では話がどのように展開していくのかはわからない。しかし十分な準備をしておけば、授業への期待も大きくなるだろう。おそらく、「楽しさ」([1][4][24]ほか)というのは、こうした自学自修の徹底化の先に存在するものなのである。つまり、大学の授業は「苦しい」(森嶋 1985)がゆえに「楽しい」のである。

注

(1) ここでいう単位制とは、大学設置基準に基づく大学の基本的なしくみの一つである。単位とは時間のことであり、1単位は45時間である。一般的な講義科目では15時間を実際の授業に、30時間を学生の自修にあてることによって、1単位45時間としている。この45時間というのは制度が設計された当時の労働者の一週間の労働時間に基づくものとされる。したがって一週間45時間の学修が1単位である。この前提に立てば、年間30週ないし35週の授業期間では30単位ないし35単位の修得が限界である。

（2）「秀才ってのは、暗記力とパターン認識力に優れている人なんです。だから、ペーパーテストが得意だけど、人と違ったことがやれません」（マッツァリーノ 2007: 102）。

（3）ちなみに、わたしのみるところ、プロボクシングの元世界チャンピオン、竹原慎二は、この「待つ」ことに傑出していた。竹原（2000）を参照。

（4）TVを初めとする「視聴覚メディア」の比重が大きくなることの根本問題に関して、次のような指摘がある。

「情報なるものは、本来的に、意味をめぐるT（伝達）、E（表現）、A（蓄積）そしてM（尺度）という四機能の複合的連関のことである。それらのあいだにおいて平衡が達成されているとき、情報に充実した意味が与えられる。しかし視聴覚メディアはこの平衡を毀し、情報の意味にたいし大きな偏向をもたらしている。つまり伝達と表現という顕在的機能が相対的に過剰になり、尺度と蓄積という潜在的機能が相対的に過少になっている。価値の標準についての考慮そして慣習の蓄積にたいする配慮は、現代の視聴覚メディアにおいて、徹底して軽んじられている」（西部 1989: 119）。

この指摘と関連して、大学の授業における「情報提示量の過剰性」について、次のような指摘もある。「OHP［オーバーヘッドプロジェクター引用者］の導入で、黒板が見にくいとか、字がきたないという批判はかわせるようになった。しかし、OHPも使っていくうちに、いろいろ問題点に気づくようになる。まず第一に、マンネリ化しやすい。一度TP［トランスペアレンシー：資料を描いた透明フィルム―引用者］を作成してしまうと、同じものを何度も繰り返して利用してしまうためである。既存のTPにしばられてしまい、下手な『電気紙芝居』に陥っている。第二に、情報提示量が多くなりすぎてしまう。最近は、学会発表でも、パソコンソフトを用いた凝ったプレゼンテーションに遭遇して、感心させられることが多い。しかし、残念なことにあれこれ資料を示されても、聴衆側の能力が追いつかず、焦点がぼやけてよくわからない。なかなか変化に富んだ発表だったな、という印象だけは残るのだが、中身は理解できていないのだ。授業でＯＨＰを用いるときも、同じである」（宇田 2005: 13-14）。

（5）この「事前の準備」や「ライヴ感覚」に関連して紹介しておきたいのは、青木一が千葉市教育センター指導主事に在職中に実施した研究の成果である。青木は、授業研究についての論文をまとめたり研究会を主宰したりしていて「授業の達人」と考えられる学校教師29人を選出して、個別に一人当たり45分から90分程度の聞き取りをして、「わかりやすい授業」を成立させる共通の要素を探り出そうとした。その結果、特に共通性の高い項目として、「教材探し」（一致率１００％）と「一瞬の対応」（一致率93％）が浮かび上がってきた。

まず「教材探し」は、「日々の生活と教材探しが直結している」として、次のように述べている。「達人は授業の教材を常日頃から心がけていて、良いヒントになるものをパッと見分けるというアンテナをもっています。教材を見つけることこそが意欲であるとし、『授業のイメージをつくると何が必要になるかはっきりしてくる。その中で、限られた時間の中で最も効果が表れるものを選択する』と授業構成と直結していることを述べています」（青木 2010: 47）。

また「一瞬の対応」は、次のように解説する。

「達人は『こちらの予測が大きく外れ、予想外の反応が来た場合が勝負である』とし、『うろたえず心にゆとりを持ち、こういう場面こそ一番楽しい』と感じながら『すばやく発問を切り替えることが重要である』と述べています。このような切り替えをするために最も心得ることは『子どもの表情や態度等を敏感にみる』ことであると達人は指摘します。『みる』力があってこそ、その瞬時を的確に把握して手が変えられるのです。それを可能にするには授業の背景が深くわかっていないとできません。ある達人は『この授業と決めたら五冊以上の本を読む』とし、『子どもの変化球に対応できるには二段階以上の実力が必要』と猛烈な教材研究をする必要性を説いています。その上で『子どもの質問を予想していきながら、それでも腹案を用意しておく』ことに余念がなく、あらゆる場面をシミュレーションしておきます。どのような場面が起きようとも多くの対応策をポケットにもっています」（青木 2010: 31）。

この指摘は小学校から高校までの教師を対象にした調査結果に基づいているが、ある程度まで、大学の授業にもあてはまるように思われる。

（6）荒川洋治の談話。TBSラジオ「日本全国8時です」（二〇〇七年四月一〇日放送分）より。

（7）大衆社会論については、第6章でも触れている。

（8）資本主義は周期的な恐慌を繰り返してきたが、一九二九年の世界恐慌を契機に、経済合理性に基づく自由放任の資本主義の限界が明らかになった。パーソンズは人間行為の目的と手段を結びつける基準（Norm）がこの「経済合理性」だけにあるのではない、ということに着目して、多様な基準を包み込む主意主義的行為理論（Voluntaristic Theory of Action）を定式化したのである。このような視点は「モノの動きの背後に人間活動あり」とする二重の視点を提供する。そしてまた、経済は社会の下位システムであり、経済を生かすには社会（政府）の介入が必要となる、という論点とつながる。実際のところ、一九三〇年代は修正資本主義あるいは福祉国家への転換期であり、今日に至る「現代」の出発点とみなすことができる。なお、大塚久雄（1966, 1976）がウェーバーの比較宗教社会学やマルクスの物神性論に注目して、経済学が前提とする「経済人」（Homo Economics）を相対化する「人間類型」を提起したのも、パーソンズの発想と軌を一にしている。

(9) 蛇足ながら、ここにいう「フレーム」とは第2章で述べたように、「状況を理解し、そのなかで取るべき行動を認知したり選択したりする枠組み」のことである。

第4章　記憶力から思考力へ

繰り返しになるが、「社会学概論」の講義の目的は「**社会学という学問について自分なりの言葉で説明し、それに即して現実の具体的な問題を分析できるようになること**」である。

ある年も例年と同じようなテーマで授業を組み立てていったが、やはり毎年同じにはいかず、内容の半分程度は入れ替えた。そこが、授業のライヴたるゆえんである。だがこのときは特に、知識を身につけることよりも、**社会学的な枠組み**（**フレーム**）を使った**思考力の形成**に重点をおいた。それは、試験を行なうに際しての学生からの要望でもあった。

ここではまず、二回実施した試験の答案の分析から、学生が大学の授業にどのような精神的態度で臨んでいるのか、確認してみることにしよう。そのうえで、社会学的思考の形成を妨げている要因について、高校、中学校、小学校にさかのぼって検討してみたい。

1　「社会学概論」試験問題の出題意図と解答の分析

■中間試験

第一回目の試験（中間試験）は六月の上旬に実施した。事前にどのような試験がいいか、と学生に聞いてみたら、先のように「記憶よりも思考を」となった。そこで、その種の問題をつくってみた。そして試験の前には、「これまで授業でやってきたことはすべて忘れて、自分の頭で考えて解答するように」と注意を与えた(1)。問題は二つで、次のようなものである。

[第1問]　社会科、社会科学、社会学の違いについて述べなさい。そのうえで、社会学の独自性がどこにあるのか論じなさい。

[第2問]　大きな○を社会、小さな○を個人とするとき、二つの○の位置関係によって、正常な社会と異常な社会をそれぞれ図示しなさい。ただし、正常と異常については各自で定義してよい。

解答欄は、それぞれ15行程度設けてある。だから、記述内容もそれに近い分量が求められている。第1問に関して、その程度の分量を埋めるには、最低限、次のような内容が必要である。

①　**社会科**は小中高校で学ぶ教科の一つである（ただし高校では地歴と公民に分かれる）。そして

②地理、歴史、公民の三つの分野がある。それに対して、

③**社会科学**とは社会科のうち公民のもとにある学問の領域であり、政治学、法学、経済学、社会学などから構成されている。

④**社会学**は社会科学の一つの領域であり、個別科学であると同時に、社会科学全体を基礎づけたり、あるいは総合化していく位置を占めている。

⑤その**社会学の独自性**は構造論（条件要因）と主体論（観念要因）の両面を把握する、主意主義的な視点をもっている。

この問題は、高校までの知識でおよそ半分程度は解答できる。それに加えて、第一回目の授業で扱った「社会学の位置づけ」や「社会学の独自性」について論じればよいわけで、きわめて初歩的な性格をもっている。

試験答案をみると、以上の五つのポイントがきちんと書かれた答案が半数近くに及んだ。だがその一方で、そもそも社会科と社会科学の違いがはっきりとしなかったりすると、そこから先の記述はほとんど筋をはずしたものになってしまう。その種の解答も少なからず見受けられた。だがそれでは、中学校の社会科や高校の公民の教員免許を取得しようとする資格はない、といってよい。

つづく第2問は「**個人と社会**」という社会学の根本問題にかかわるのだが、ある意味では図形的であり、非歴史的という点ではあまりいい問題とはいえない。しかしここでは、第1問に引きつづいて、社会学の独自性を問うべく出題したのである。

ここでは二つの○を使うことが想定されていて、その両者の位置関係は完全分離、部分的重複、完全包摂という三つの場合が考えられる。完全分離は個人が社会と全く接点をもたない場合で、これは非社会的であり、正常とはいえない。その対極に、社会が個人を完全に包摂している場合は個人の独自性が存在しないわけで、一種の全体主義の様相を呈しているから、これも正常とはいえない。この両者の中間に位置する部分的重複は、個人はある程度社会化され、なおかつ社会という全体に還元されない独自性をもつ点で、正常ということができる。

この問題は、二つの○の位置関係について、いかなる場合が考えられるのかを論理的に導き出し、そのうえで、**正常と異常**についての基準を自分なりに説明しておけば満点である。だが、完全な正解者は2名しかいなかった。多くの学生は、完全分離と完全包摂という二つの場合しか示すことができなかった。その場合、完全分離は異常、完全包摂は「社会化された個人」を想定できる点で正常という扱いになる。この解答例はそのものとしてみれば、一定の筋道が通ったものであり、50点満点中の40点とした。これは考えようによっては甘い評価かもしれないが、解答そのものに内在して評価すれば妥当とみなすほかない。

それ以外の解答はおおむね不適切であったが、なかでも目立ったのは、○を三つ以上書いて説明しているものであった。これはルール違反といってよい。原因は、問題文をよく読んでいないか、あるいは読んでいても理解していないことに求められるはずである。

■期末試験

この試験からおよそ一ヵ月後、学期末ということで、第二回目の試験（期末試験）を実施した。問題はやはり二つである。

［第1問］　川の水を汚さないように、という意味で、「台所から味噌汁一杯流すと、魚が棲めるようになるまで風呂桶五杯分の水が必要です」といわれることがある。その間違いについて述べなさい。

［第2問］　松尾貴史はナンシー関の方法について、「砂上に楼閣を築き、イメージという虚像で商売をしている我々［芸能人］にとっては、「王様は裸だ」と叫ぶナンシー女史は恐るべき存在なのだ」と述べている。この指摘と、マルクスの方法の共通性について述べなさい。

今回は、「テキストの参照可能」とした。その意味は、テキストには直接答えはないが、解答するうえで有力なヒントが隠されていて、それを見抜くことができるかどうか、にある。とはいえ、どちらも授業で扱った内容であり、テキストを参照しなくても解答することはできる。いずれにしても、別の観点からいえば、テキストには直接的な答えはないのである。

第1問は試験の直前の授業で、琵琶湖を事例にして、湖岸の土木工事によって自然の浄化能力が損なわれて水質が悪化した、という話を取り上げていた。その話をきちんと聞いていれば、みそ汁はその素材から判断して、本来**自然の浄化作用**によって浄化されていくものであり、ここで取り上げられている標語にはそうした観点が欠落していることが読み取れるはずなのである。

実際、そのものずばりを指摘している解答も多くあり、その記述からは授業内容を踏まえたうえで自分なりの理解をきちんと表現していることがわかった。だがその一方で、この標語は汚染をただ薄めているだけだから間違いである、とか、下水処理場で浄化されるのだから家庭の排水は問題はない、といった記述もあった。これらの解答は、直前の授業が生かされていない。出題の意図が全くみえていない解答である。

つづく第2問は、主意主義的視点の核心を衝く問題である。これが解答できなければ社会学を理解したとはいえない。ここで取り上げているナンシー関の著書は『信仰の現場』（関［1994］1997）であり、授業でも紹介した。熱心なファンが寄り集まる「信仰」の現場にナンシー関が潜入取材して、第三者には伝わりにくい現場の雰囲気や背後にあるからくりを暴こうとするルポルタージュのような作品である。たとえばTVの公開放送では、カメラのとらえたいくつかの場面のなかから都合よく切り取られた場面が放送される。だがそこには聴衆がいて、放送されない部分で何がどのように行なわれて実際の放送に至るのかを観察することができる。この「切り取られた場面」と「背後にある人の動き」という**二重性**の**把握**が、まさしく**主意主義的**なのである。では、このような問題意識や方法はマルクスといかなる関係があるのか、それを考えてもらおう、というのが出題の意図である。

授業中の課題の一つとして、マルクスの方法についても取り上げ、その文章がいったい何を意味するのか書いてもらっていた。そのうえで、わたしの考える解釈について説明していたのであった。授業で取り上げたマルクスの方法は次のような文章に示されている。

……材木で机をつくれば、材木の形は変えられる。それにもかかわらず、机はやはり材木であり、ありふれた感覚的なものである。ところが、机が商品として現われるやいなや、それは一つの感覚的であると同時に超感覚的であるものになってしまうのである。机は、自分の足で床の上に立っているだけではなく、他のすべての商品にたいして頭で立っており、そしてその木頭からは、机が自分かってに踊りだすときよりもはるかに奇怪な妄想を繰り広げるのである（Marx 1867=1890: 85=1972: 133）。

マルクスはここで、商品生産が自明の社会では、そこに生きる人間はあたかも商品が自立して動いているかのような錯覚（超感覚的な世界）に陥る、といっている。しかし互いに異なる商品が交換されるのは人間の動きが背後にあるからであり、またそもそも異なる商品が交換できるのも、それぞれの商品一単位を生産するうえで、社会的に必要な平均労働時間が同一だからなのだ、としているのである。ここに示されている二重性こそ、主意主義的な視点であり、それはナンシー関の方法とつうじているのである。

この問題は、授業で取り上げた主意主義的な視点の具体的事例を理解していれば、簡単に解答することができる。もちろん松尾貴史の指摘は初耳であったとしても、**虚像と実像**という二重性の把握から主意主義的視点が思い浮かべば、それでいいのである。実際、そのことに気づいた解答も多かった。しかし「テキストの参照可能」であるために、テキストの索引のなかから「マルクス」の該当ページを探して、その部分の記述をほぼ丸写しする解答も少なからず見受けられた。それはマルクスの所有論に関する部分だったのだが、そこは授業では一切取り扱っていなかった。その種の解答をした学生は、問題文を読んでも授業との関係がみえず、テキストに安易に飛びついて、授業で取り上げた部分とそうでない部分の区別もつかなかったのである。

■社会学的思考の形成を阻むもの

二回の試験結果から、「社会学とは何か」というテーマを自分なりに理解し、授業の目標に到達したと判断できた合格者は、約70％にとどまった。毎回の出席率はかなり高かったので、それを踏まえていえば、もっと合格率は高くてもよかったはずだ。特に、一年生はほとんど100％の出席率だったにもかかわらず、合格率は67％にとどまった(2)。教育実習で欠席率(ただし公欠扱い)の高かった三年生の合格率が90％に達していたことと比較すると、授業に出席することと授業の内容を自分のものにすることとは、必ずしも一致しないことがわかる。

その理由を、中間および期末試験で出題した四つの問題に対する不適切な解答例から考えてみよう。まず、中間試験[第1問]についてみると、基本的な事項が整理され、相互に結びつけられて理解されていない。つづく、中間試験[第2問]では、二つの○の位置関係は三つの場合しかありえない、という自明なところから出発して、論理的に思考することができない。

次に、期末試験[第1問]については、問題文が直前の授業で取り上げた内容と密接につながっていることを見落としている。そして期末試験[第2問]では、問題の意図を理解しようとせずに、テキストに安易に依存して解答しようとしている。これは、「思考の拒否」としかいいようがない。

授業をつうじて社会学的思考力や発想が身につかない、とはどのような理由に基づくのか。以上を踏まえて結論的にいうと、その原因は、一つには授業で出てきたさまざまな事項の意味を自分なりに思いめぐらせながら理解できていないことであり、もう一つは眼前に提示された問題を正面から受け止めて自分の頭で考えようとしない思考の拒否である。

2　思考を拒否する授業——高校の場合

自分の頭で考えようとしない**思考の拒否**という態度は、大学入学以前の生活に原因がありそうである。とりわけ、一年生と三年生を比較してみるとそのことに納得がいく。入学したての一年生のなかには、高校までしていたと推定される「思考を拒否するような勉強法」から抜けきれていない場合がみられるのだ。

では、それはいつ頃から、どのような事情で始まるのだろうか。ここでは限られた例であるが、いくつかの経験に即して考えてみたい。

■高校の授業例

まず、高校である。たまたま高校生に授業をする機会があった。テーマは「学問するとはどういうことなのか」というもの。手っ取り早く、一見何の関係もないようにみえるものから**共通の型**を発見することが学問なのだ、と説明してみた。そこで早速、例題。

［例題］　マルクスの『資本論』のなかに、次のような一節がある（資料4・1）。賃金の後払いによって、生活のための食品にかかわる支払いも後払いになって、結果として質の悪い食品（この場合はパン）を食べることを余儀なくされている、といった趣旨である。賃金後払いは別として、今日でも類似した問題があるのではないか。

この問いの背景には、当時世間をにぎわせていた北海道苫小牧市に本社を置く「ミートホープ」という会社の食品偽装問題がある(3)。だが積極的に発言する生徒はいないので、こちらから指名する。しかし反応は鈍い。思いつかないようだ。ようやく答えが返って来て、「自民党とか民主党とか日本の政党は外見的に違いはあっても中身は同じではないか」といった趣旨の発言だった。政党は偽装している、といいたいようだった。しかしパンの事例から政党に飛ぶのは飛躍があり過ぎるし、偽装している中身も、どこまでそのようにいえるのか不明である。答えとしては無理があり、何とか救いたいと思ったが、「どこかの新聞社の社長がいうようにこの二つの政党が合併したりしたら、そのようにいえるのかもしれないね」というのが精一杯であった。

そしてもうこれ以上の答えは出そうもないので、パンの事例だったので食品のことで考えてみよう、そうすると、食品偽装問題などはぴったりと当てはまるのではないだろうか、といってみた。だが、これで授業は行き詰まる。生徒の側からの積極的な発言による展開を期待したが、そうした流れはつくられなかったからだ。結局ここからは、教師が無知な生徒に教え込む、という流れになってしまう。

資料4.1　マルクス『資本論』より食品偽装問題を考える

ロンドンには二種類の製パン業者がいる。一つは、パンをその価値どおりに売る「正常価格売り業者 full priced」であり、もう一つは、その価値以下で売る「安売り業者 undersellers」である。この後者の部類は、製パン業者の総数の4分の3以上を占めている（『製パン職人によって申し立てられた苦情』に関する政府委員H・S・トリマンヒアの『報告書』ロンドン1862年XXXIIページ）。この「安売り業者」の売っているパンは、ほとんど例外なく、ミョウバン、石鹸、真珠灰［炭酸カリウムのこと］、石灰、ダービシャー石粉、その他類似の、美味で栄養のある衛生的な成分を混入させることによって、不純物にされている（先に引用した青書をみよ。また、「パンの不純物混和に関する1855年の委員会」の報告、およびハッスル博士の『摘発された不純物混和』第2版、ロンドン、1861年をみよ）。サー・ジョン・ゴードンは1855年の委員会で、次のように説明した。「これらの不純物混和の結果、毎日2ポンドのパンで暮らしている貧民は、今では、彼の健康に対する有害な影響は別としても、栄養物の4分の1も実際には受け取っていない」と。「労働者階級の大部分」が、この不純物混和についてよく知っていながら、しかもなおミョウバン、石鹸などのおまけまで受け取るのかという理由として、トリマンヒアは次のように述べている（前掲XLVIIIページ）。彼らにとっては「その製パン業者または『小売店』が勝手によこすパンを受け取るのはやむをえないことである」。彼らは一労働週間が終わってはじめて支払いを受けるのであるから、彼らもまた「彼らの家族がその一週間に消費したパンの代価を週末になってはじめて支払う」ことができる、と。そして、トリマンヒアは証言を引用しながら次のようにつけ加えている。「このような混ぜ物でできたパンが、特にこの種の客のためにつくられるということは、周知のことである」("It is notorious that bread composed of those mixtures is made expressly for sale in this manner.")と。

（出典）Marx, Karl, *Das Kapital*, Bd. 1（1867=1890: 188=1972: 306）ただし訳文には変更を加えた

しかしわたしはこのとき、もう一つの変化球を用意していた。上着のポケットから、コーヒーに入れるポーションを取り出す。「みんな、これ知っている?」問いを発しても発言はないので、指名する。するとようやく「コーヒーミルク」と返ってくる。「しめしめ。いい答えだ」と内心思う（「ミルク」と認識してくれることが、ここでのポイントである）。

「そう、これはコーヒーに入れるミルク。でも牛乳でつくってあるなら、保存するために冷蔵庫に入れておかなければいけない。ところが喫茶店やハンバーガー屋ではテーブルのうえに置いてあったりする。実は牛乳からはつくっていないからだ」。

そういって、水と油を界面活性剤を使って混ぜ合わせ、色と香りととろみをつけてミルクのようにしているのだ、とその実態を明かす。もちろん、牛乳からつくるコーヒーミルクもあり、その場合には消費期限は比較的短く、冷蔵保存の指示があることもつけ加えておく。そのうえで、一九世紀ロンドンのパンと同様に、現代のコーヒーミルクにも大別して二種類あり、片方はミルクを全く使わないまがい物だということを指摘しておく。ではなぜこういうミルクまがいの物がつくられたのか。その理由を考えてみよう、ということになるのだが、ここまでの流れから、生徒が主導する展開は無理である。あとはこちらが説明し、興味のある人はこんな文献があるので、と参考文献の『食品の裏側』（安部 2005）を紹介して切り上げるよりほかにない。

この授業には家庭科の先生も生徒と一緒に参加していた。授業後、パンの話からの問いには、「食品偽装の問題だと思いましたよ」というのがその先生の感想。またミルクまがいのコーヒーポーションには、「去年の授業で取り上げたのにどうして答えないのだろう。頭に来て、張り倒してやりたかった」

と冗談まじりの過激な発言があった。

それを聞いて、「授業でやっていたのなら、事前に打ち合わせをしておけばよかった」と思ったのだが、それは後の祭りだった。むしろ、しばらくして学部四年生にこの話をしたとき、返って来た反応が重要だった。その学生は即座にこういったのだ。

「授業でやったとしても、(そこで得られた知識は) 使わないとすぐに忘れてしまうのです」。

この指摘は確かに納得のいくものだった。家庭科という教科は大学入試の受験科目ではない。だから高校一年で学んだ事柄は学校の定期試験までは重要だが、それが終わればば必要のないものとして忘れられてしまう。そしてここから推測すれば、高校で学んだ知識は大学受験が終わればやはり不要なものとして忘れられてしまう、ということである。

結局、高校の段階ですでに、**自分の頭で考える**という態度は主要なものになっていないのではないか。思考よりは暗記であり、その暗記も**試験が終われば忘れられてしまう**わけである。大学の新入生のなかにも、少なからずそういうタイプの学生がいるのだ。

3 死んだ授業——小中学校の場合

■中学地理の教育実習例

中学校の授業に立ち会う機会はあまりないので、ここでは教育実習に行った学生の研究授業をみての感想を少し述べておきたい。数年にわたって観察したところ、クラスの30〜50%程度の生徒が授業に乗っていない、という感じである。とにかく、生徒が教師の方を向いていないのだ。その理由は、教える側が学生であるために、生徒の側の信頼感が薄いせいかもしれない。また、取り上げる内容が生徒には簡単すぎて、すでにわかっているから授業などどうでもいいのかもしれない。あるいは、勉強は家で自分でやるから学校ではいい、とか、塾で教えてもらえばいい、と考えているのかもしれない。いずれの理由であっても、生徒には授業の場での真剣味がない。学校ごっこのなかで、渋々生徒役を演じているかのようだ。

では、教える側の学生はどうか。これまた通り一遍の授業スタイルで、自分が経験した授業のなかの一部を真似しているのかもしれない。経験がないから、仕方がないことではある。だがいくぶん許しがたいのは、授業内容が薄っぺらいことである。中学校側にしてみれば、よそ者である学生が授業をする意義は、学生ゆえに最新の知識をもって授業をしてくれることにあるはずだ。だが、残念なことに、実習の学生にはそういった意識がない。

実習の授業について事前に相談を受ける、などということはまずない。しかしある年の四月、地理の授業で九州の福岡県を取り上げることになりそうだが、何かいい資料はありますか、と相談しに来た学生がいた。それは実習が始まる前で、実際の授業は五月の連休明けだという。少し考えた後、「これから連休にかけてどこかのデパートで九州物産展のような催しをやるだろう。新聞の折り込み広告をよくみて、そういう催しがあったら出かけて行って、地図や観光案内をもらっておいで」とアドヴァイスした。後日、某デパートで九州物産展があったので行って来ました、と学生から連絡があった。その成果はどうだったか。期待は高まったが、実際の授業でそれが生かされることはなかったようだ。

わたしがみた授業では、「福岡県の農業のなかではイチゴ栽培が成功している。ホンコンに輸出して高級品として高い値段で取引されている」といった話に一時間が費やされていた。実際には物事はそう単純ではない。たまたまイチゴが成功したからといって、それに特化することは危険なのだ。すぐに競争相手が出てきて、価格競争が起こるだろう。そのうち日本の企業が中国の畑で現地の労働者を使って大規模にイチゴ栽培に乗り出したら、日本の栽培農家は競争に負けてしまうだろう（後日、その種のTV番組が放送された）。こういった側面があることも取り上げるべきなのに、授業の内容はエピソード的な成功物語を一般化し過ぎている、と感じた。

結局、十分な時間を取って調べ、これを取り上げたらおもしろそうだな、という感覚がないのである。教える側がおもしろいと思わなければ、生徒は決しておもしろいとは思わないだろう。結果的に**死んだ授業**になってしまうのだ。

■小学校の教育実習

小学生が手を挙げて積極的に発言する、という授業の光景はいまだ健在である。その点で、中学や高校とは大違いである。それはおそらく、人間の発達段階とも大いに関係しているだろう。だがその一方で、教師の対応のまずさから、生徒(4)の芽を摘むような授業もあり得る。それはこれまでにも、小学校で教育実習をする学生の授業をみていて漠然と感じてきたことであった。簡単にいうと、教師があらかじめつくっていた**授業の台本にないような事態**に直面したときに、明らかになるのである。

一つは、教師の質問に対して、生徒が想定外の答えを出した場合。もう一つは間違った答えを導き出した場合。普通ならば、想定外の答えに出くわしたら、「なぜそのように考えたの?」などと、話をつづけて、その延長線上に軌道修正をはかろうとするだろう。あるいは、生徒の答えはすばらしいかもしれないので、教師はそれを真剣に受け止めて考え直すかもしれない。そしてまた、生徒が間違った答えを出したら、教師はそれを一方的に切り捨てるのではなく、間違った理由を一緒に考えるだろう。

だが実習の学生のなかには、そうした余裕がない場合もあるようだ。台本にない事態になると、さっと切り捨てて、台本に戻ろうとする。生徒はそこで、授業の流れから取り残されてしまう。あるいは、解答した生徒は自分なりに考えて答えたのに、ほとんど無視された、と思うかもしれない。教師の側に、いまここで、眼前にいる生徒と授業をつくっているのだ、という気持ちがなければ、ただ台本を追うだけの授業になってしまう。余裕のない教師、器の狭い教師のもとでは、生徒はただ生徒役を演じるにすぎなくなる。

実習の学生ならば、ある程度まで仕方がないかもしれない。しかし、経験数年の教師にはそれは許されない。小学校五年の理科の「発芽の実験」授業でその実例をみたので、紹介しておこう。

■小学理科の発芽実験授業

それは、植物が発芽するために必要な条件を実験をつうじて学ぶ、という授業である。あらかじめ発芽に必要な条件について見通しを立てておく。水が必要だろう、それから空気、そして一定の温度(適温、と表現する)、この三つである。そのうえで、まず水が必要かどうか実験してみる。使うのはインゲンマメで、紙コップを用意して、一方には水を入れ、水を含んだ脱脂綿のうえにマメ(種子)をのせて水のうえに浮かべる。もう一方は、水を入れず、ただ乾いた脱脂綿のうえにマメをのせておく。この二種類のコップをそれぞれ複数個用意すれば、比較対照実験ができる。一週間後、水のある方のマメは発芽し、水がない方は発芽しないことが確かめられる。

以上を前提として、第二回目の実験に入る。今度は空気である。使うのはやはり紙コップで、一方は空気を含み、もう一方は空気のない状態をつくりたい。「教科書はみないようにして、どうすればいいか考えてみよう」と、教師は生徒に質問を発する。何人もの生徒から手が挙がる。指名されると、黒板に図を書いてみんなの前で説明する。

最初に指名されたX君はまず、水を入れた紙コップに脱脂綿を浮かべ、そのうえにマメをのせた絵を描いた。そして、コップ全体をビニール袋に入れて、開き口をすぼめてそこからストローを差し込み、人がストローから息を抜くようにすれば、ビニール袋にたまっていた空気は抜けて、袋全体がしぼむ、そうしたらすばやくストローを抜き、口を閉めればいい、と説明した。わたしはみていてなるほど、と思い、実際にやってみればおもしろいだろうと感じていた。ところがその教師は、「これでは完全に空気は抜けないよね」というようなことをぼそといって、「ほかにありますか?」とあっさりと場面を転換してしまったのだ。

次に指名された生徒Y君は、教科書どおりの説明をした。それは、脱脂綿とマメを紙コップの水のなかに完全に浸してしまう、というものである。水中なのでマメは空気とは完全に遮断される、というわけである。この説明に多くの生徒は納得したことだろう。教師もこれが正解といっていたようだ。しかし理屈をいえばいえるのだ。「先生、水のなかにも空気は溶けているじゃないですか」と。結論を急いではいけないのである。本来ならばここで、X君とY君が描いた絵を比較検討して、どちらがより空気に触れないのかを予想すべきなのである。ところが教師はY君が発表する際に、Y君にX君が描いた絵を消させて、新しい説明の絵を描かせていた。考える素材の一方が消えてしまったので、比較できなくなってしまった。

X君はおそらく空気に触れさせないようにすること、つまり真空状態をつくりだすにはどうしたらいいかについて、自分の頭で考えて、みんなの前で発表したのである。しかし教師は不十分として頭ごなしにそれを棄却し、説明のための絵も消させてしまった。X君はどう思っただろう。せっかく考えたいいアイデアだったのに、すぐ消されてしまうなんて、と思わなかっただろうか。そして自分で考えてもダメで、教科書をみておいた方が簡単に正解できそうだ、と考えなかっただろうか。さらには、せっかく発表したのにあの程度の扱いなら、もう発表する気になれない、と感じなかっただろうか。

■死んだ授業の帰結

わたしは実験の授業なのだから、実際にやってみたらいいと思うのだ。成功するか失敗するかはわからない。もし失敗したら、そのとき、なぜ失敗したのだろう、とそこから考えをすすめていくことができるはずなのだ。最終的には教科書にのっているやり方にたどり着くことになるかもしれない。しかし自分の考えでやってみて、失敗しながらも、教科書と同じ結論にたどり着く、というのは、大きな経験になるだろう。わたしは授業の進行をみていて、X君が無残だと思った。そしてこの授業は死んだ授業だと確信した。最初から結論ありきで、その**結論を生徒に一方的に押しつけるような授業こそ、生徒が**

自分の頭で考えなくなる根源的な理由なのではないか。

その後、この授業では生徒たちがグループごとに役割を決めて、教科書に掲載されている二種類の紙コップを準備する、という段に入っていった。みていて、「おやおや」という感じである。グループって何だ。この授業は普通の教室で行なわれ、生徒はみな黒板の方を向いて座っているのである。グループなどといわれても、みていてさっぱりわからない。生徒の方も突然、実験準備の役割分担などといわれて戸惑っている風だ。結局、何かの折りに決めた四人ほどのグループのなかから、特定の一人ないし二人が教室前方のテーブルに用意されていた紙コップ、脱脂綿、マメを受け取り、水を求めて部屋から廊下に出て行くことになって、授業は収拾がつかなくなってしまった。本来ならば、理科の実験室でやるべきことを、教室で実行することに無理があったのである。

■一般的にみられる事例なのか?

この実験の授業は最後に、生徒が教室の内外を立ち歩くことになって混乱した。それをみていて、このクラスの将来の姿が暗示されているように思った。実際、このクラスではその後、授業中私語でざわつき、教室の後ろ半分の生徒は教師の声が聞き取れない、という事態が日常化した(発芽実験の授業は年度初めの四月下旬に行なわれていた。まだクラスが発足して間もない時期であった)。最大の原因は、個々の生徒に対する教師の掌握が不十分だという点にあるだろう。生徒一人一人に響くような授業になっていないからだ。**死んだ授業が引き起こす当然の帰結**というほかない。

だがここで、わたしはもう一つ疑問をもった。この教師のような授業方法は小学校では一般的にみられるものなのか。もしかしたら、わたしの考えは間違っているのではないか、と。

そこである場所を借りて、小学校の現職教師30人ほどの前で、理科の発芽実験の授業を再現して、意見を聞いてみた。授業の流れは前述のとおりで、教師の質問に対してX君が自分の考えを発表した段階で授業を止め、みなさんならここからどのように授業をすすめますか、と聞いてみたのである。

結果はどうかというと、発表した生徒の考え方を認めたうえで、この方法で本当に空気が抜けるのかどうかもう少し考えさせてみる、実験の授業だから発表のやり方で実際にやってみる、といった回答がそれぞれ半数ずつを占めた。教師の側がさらりと理由を挙げて、これは無理じゃないか、と断定するようなすすめ方を挙げた回答は全くなかった。つまり、わたしが感じたことは例外ではなく、小学校教師の多くはわたしと同様に、生徒の発言を次の授業展開につなげていこうと考えていたのである。

■思考を拒否する原点

生徒が授業中に教師の質問に答えようとすることは、教師の発した質問の意味を理解し、自分の頭で考えようとすることである。それはまさに、授業に参加し授業の流れに乗っていることを意味する。しかし質問を発する教師が生徒の発言を活用しないで性急に解答（結論）を導き出そうとすると、生徒の答えは無意味なものとなってしまう。そのような扱いをされれば、発言した生徒の心には多少なりとも傷が残るだろう。またそれを目の当たりにしている他の生徒も自分が発言しても意味はない、と感じるだろう。そして、真理（答え）はどうせ教師が握っているのだから、いちいち質問などする前に手っ取り早く教えてくれ、という態度に変わっていく。ここに、**思考の拒否の原点**があるのではないか。自分の頭で考えて答えを導くよりも、教師の与えた答えを暗記すればいい、ということである。

4　ごまかし勉強

■死んだ授業を生む暗記学習　既知の知識での充足

学校のある段階から思考を拒否し、暗記中心の学習になると、**授業はライヴ感覚を失い、死んだ授業になる**。そのような事態をもたらした原因の一つを、わたしの経験に即して「教師が性急に結論にもっていってしまうこと」に求めたわけだが、それ以外にも理由はある。

一つは日垣隆の指摘である。日垣は、いまここで起きている世界的なニュースを、高校以下の学校ではほとんど取り上げないことに疑問を提起している。そしてその理由について、知識の探求には二種類あり、既知のものは教育の対象になるが、**未知のものは教育の対象とはならない**、と考えられているのではないか、という。つまり「教科書に定着された既知の活字知識だけを教育の対象と信じ」ているからだ、と（日垣 2001: 126）。そうだとすれば、これは知識の単純再生産であり、学校には死んだ授業しかあり得ないことになる。身の回りに転がっているさまざまな事項について「なぜだ?」と問うことなど、学校とは無縁となる。そして学年が上がれば上がるほど、受験勉強に特化していく傾向は不可避となるので、**知的好奇心**などはどんどん殺がれていくことになるわけである。

だが、たとえそうだとしても、大学生になれば「既知の活字知識」にのみ期待しているわけではないだろう。自分のことを「生徒」などという学生は少々怪しいが、大半の学生は高校までの知識とは別の知識を求めているはずである。その点で、日垣説は大学には必ずしも妥当しないのではないか。妥当するのは、**学生に対して点取り虫競争をあおる**ようなことをする大学である。

■ごまかし勉強の特徴

死んだ授業の原因のもう一つは、藤澤伸介のいう「**ごまかし勉強**」である。受験競争では試験で1点でも多く点数を取れば目標は達成される。「ごまかし勉強」とはその**受験競争のなかで、手早く勝ち抜くための勉強法**のことで、教科書の暗記を中心とするものである（藤澤 2002: 104）。その特徴は次の五つに求められる。

まず、学習範囲を限定すること。たいていは教科書に限定される。自分の興味に応じて拡大していこうとは考えないし、関心も広がらない。

次に、限定された学習範囲をさらに狭めて、試験に出そうなところだけを勉強する。いわゆる「やまかけ」なのだが、その「やま」は教師をはじめとする他人の指示を鵜飲みにしている。これを代用主義という。

そして、機械的な暗記である。無意味な断片的知識をそのまま記憶する、というもの。

さらに、単純反復。たくさんの問題を解いて、ただ量をこなせばいい、というもの。

最後は、過程を軽視する傾向である。つまり結果がすべてであり、結果に至る過程を振り返ることがない。まぐれ当たりでも、正解は正解とする考え方である。

手段としての受験勉強とは、多かれ少なかれこういうものだろう。しかし本来の勉強と受験勉強は違い、本来の勉強も理解したうえで、両者のもたらす矛盾に苦しみながらも受験勉強以外の何かをしてきたのではなかったか。勉強することの意味づけが「受験勉強のため」という点に還元され尽くすと、勉強はごまかし勉強以外にはあり得なくなる。

このような勉強法は、受験に勝つためという点においてのみ合理性をもつ。だから、弊害も大きい。受験の先に何があるのか考えていないと、この種の発想のまま大学に入学し、その後もなかなか抜け出せずに、**機械的な暗記と思考の拒否**に代表される学生になってしまう、というわけである。その種の学生は本来の勉強のスタイル、つまり大学における勉強のスタイルが身についていない。

具体例を挙げてみよう。彼らは大学の試験に何を求めているのか。前述したように、試験予定日の一週間前に、どのような試験がいいか聞いてみたところ、思考拒否のタイプの学生が求めたのは次のような問題だった。

P君：○×で答えられるテストが良いです。その場で、小論文は絶対やめてほしいです。
Q君：「〜」という文章の中で、用語にラインを引いて、それを答えさせる形式でいいと思います。
R君：これが答え、という問題ではない方がうれしいです。

多くの学生が「知識を問うことよりも思考力を問う問題がいい」というなかで、○×式だとか、語句の説明だとかであった。あるいは、R君の指摘する答えがない問題は、一見したところ大学らしいのだか、概論的な授業では「何を書いてもみな合格点」になってしまうので、ふさわしいとはいえない。彼らは冗談まじりに書いたと思っていたのだが、実際のところ本気だったのかもしれない。

■打開策

この年の「社会学概論」講義では、社会学的な知識を身につけることから半歩すすんで、社会学的思考力を身につけることに重点をおいてみた。それが教える側の基本的なフレームだったわけだが、結果的にそこにうまく乗れない学生も30％前後いた。

そうした学生はどこに問題があるのか。一つは、眼前の教師から学び取ろうとする切実感に乏しいこと。これは授業を開始するまでの盛大なおしゃべりや、授業時間中の緊張感のなさに表れている。もう一つは、受け身で、授業に参加していないかのような態度。指名されても、返事すらしない学生が目につくようになった。理由はよくわからない。教師の質問に答えられずに、恥をかくと思っているのだろうか。そして、授業に出ていても欠席とみなされてかまわない、ということなのか。

このような具合だから、個々の情報を集約する知識だとか、論理性だとか、授業内容への注意力だとか、あるいは自分なりに考えてみることを簡単に素通りしてしまうのだろう。

事態を打開するには、まず、小学校から**授業のライヴ感覚を大事に**しなければならない。そのためには、教師には**自前で教材を用意**する時間的な余裕と器量が求められる。そのうえで、生徒の側には受験勉強に還元されることのない学習領域が確保されなければならない（4）。

しかしそうしても、思考を拒否するかのような大学生も形成されていく。それを変えるには、時間をかけて頭の使い方を切り替えてもらうよりない。その出発点は、自分がこれまで正しいと考えてきた勉強法のどこに問題があったのかを謙虚に問い直すことだろう。第1章で取り上げたA君のように、「予備校の勉強は楽しかったが、大学の学習は全くつまらない」などというのは、病理的世界から一歩も抜け出ようとしない住人の言葉にほかならない(5)。

注

(1) 蛇足になるが、この言葉は学んだことを生かして解答するように、という意味である。この点と関連して、作家の内田百閒(1889-1971)が「知らないという事と忘れたという事は違う。忘れるには学問をしなければならない。忘れた後に本当の学問の効果が残る」という趣旨の言葉を残していることに注目したい。これが「教養というものの正体」(磯田 2009)なのである。内田の原文は次のとおり。「知らないと云う事と、忘れたと云う事とは大変な違いなのであって、知らないと云う事はお話にならない。しかし忘れたと云う事はどうかすると覚えているよりも、もう一段上の境地に到達したとも云われるのであって、物事を教わって覚える、その覚えた事がその儘記憶に残っていると云う順序はまだ大した事ではない。それが篩《ふるい》にかかって、或いは押し出されて、はみ出してひとりでに消えてしまう。つまり忘れて行く。その忘れたあとに何が残っているかと云う事は、言葉を以て簡単に説明は出来ないけれども、何も知らないと云う事ではない。忘れたと云う事と、もとから知らなかったと云う事とは大変な違いだと云う事は今申した通りです」(内田 [1942] 2003: 245)。

(2) この年の授業に出席していた一年生にとっては、社会学概論は選択必修科目の一つという位置づけだった。必修科目ではないという点で、単位取得の切実感にはいくぶんかの違いがあったかもしれない。

(3) 食品加工卸会社ミートホープはコストを下げるために、たとえば「牛肉100%」と表示しながら、豚肉や鶏肉などを混ぜて加工していた。二〇〇七年六月、元社員の内部告発によって発覚し、「食品偽装」として社会的に大きな問題となった。

（4）小学生は「児童」というが、ここでは「学校で教えを受ける者の総称」といった意味合いで、「生徒」と表記する。

（5）大学の授業を予備校風に改めるのは本末転倒であり、「ごまかし勉強」に迎合した「大学の死」以外のなにものでもない。

「大学生になって自分のごまかし習慣に気づき、正統派の学習をしようとして、方略が身についていないために困っている人もたくさんいます。高校までは、教科書ガイドあり、トレーニング教材ありで、教材があふれています。しかし、大学は教員によって授業が準拠している教材が皆異なりますし、同じ教員でも年度によって教材を替えたりしますから、採算が取れないため教材会社もこの分野には手をつけません。その結果、ここで初めて正統派の学習の必要が出てきて、困る大学生が多いわけです。『大学生の質が低下している。だから教材を統一して、問題集などを充実させて、学力向上を図ろう』などという動きが出てこないことを、ひたすら祈るばかりです」（藤澤 2002: 108）。

付記　小中高校教員の聴講レポートから

ある場所で、わたしは小中高校の現職教員を対象に「製鉄からみた日本の文化」というテーマの話をした。そういう場では、参加者は自分が行なう学校の授業に役立つ話を期待している。それを踏まえて、わたしは「授業はライヴだ」ということと、「ふだんあまり意識しないことを意識することで意外なものがみえてくる」ということを強調した。終了後、特に感想を求めることもなかったが、最後に提出してもらったレポートには「今後の授業展開」に向けての決意のようなものが書かれたものも多かった。以下の資料４・２はその抜粋である。

ここにあるように、決まりきった内容を繰り返すような「死んだ授業」を肯定している先生は一人もいなかった。そこで、たとえば教師に「オリジナルな教材の開発」を保証し後押しするような制度があれば、積極的な展開ができるのではないか、と感じる。そして生徒の側も、そうした授業が大学の学問に結びついているのだ、と強く意識するようになれば、学習に対する態度も変わっていくはずである。

資料 4.2　「製鉄からみた日本の文化」聴講レポート（抜粋）

・普段の小学校社会科や総合の学習の中で、生かしていく視点としては、地域の地名や神社についての調査をしたり、名前や地形などから古代の地域の様子を想像したりしていくと、子ども達と一緒に自分自身も楽しく探究できると思った。だいたい自分自身が調べてわかった楽しさや発見した喜びがないのに、子ども達が楽しめるはずはない。歴史分野など特に時間数が足りなく日々教科書を追うことばかりになりがちだが、やはり「学ぶ楽しさ」「調べた満足感」のある授業ができるよう、努力したいと思った。

・今中学生を教えていると「早く答えを教えてほしい」という姿勢で授業に臨んでいる生徒が多い。「なぜ？」と聞いても「なんとなく」で済ませてしまい、結局正解だけわかればO.K. という風潮がある。社会科の魅力は正解を知ることよりも、どれだけあたり前のことに「なぜ？」という「？」マークをつけられるかだと思う。当然のことを追求（追究）していく楽しさを改めて感じることができた。

・発見することのおもしろさ、仮説だけど思い馳せることの楽しさ、そして周囲の神社や寺や地域の痕跡から照らし合わせることで新たな発見、発想が生まれるおもしろさを今度自分もやってみたいと感じました。私は高校で日本史を教えていますが、大学入試に直結した史上だけの大まかな流れしか伝えていないように思い、少し反省しています。

・私がこの講義で感じたことは、「身近な言葉や地名を含め、様々な事に関心を持ち、疑問を持ったらそれを調べたりする実行力と好奇心を持たなくてはいけない」という事であった。社会科を教える以上は、社会における全ての事象が教材という事もできる。私が住んでいる土地、勤務している土地の由来を調べることなどはすぐにでもできる。生徒に郷土の愛着、ほこりを育てることになるかもしれない。今回の講義では、社会科の教師として忘れかけていた事、これからやらなくてはいけない事が自分の中ではっきりと見えたように思う。

・今日の講義では教科書に載っていない、誰も答えを知らないなぞに対して、柔軟で豊かな発想、思考が大切なのではないかと強く感じました。小学校ではさまざまな学習をします。子どもたちの柔軟で豊かな発想、思考を大切にして、子どもたちの限りない可能性を伸ばすことが教員としての私の使命だと強く感じました。社会科の授業の中で「どうやったら重要な語句を覚えることができるか」などを中心に授業を進めてきたことを今日の講義で考えさせられました。興味のあることを調べていく楽しさ、分かることの楽しさなど、生徒に体験させていくことを中心に今後の授業を進めていけたらと思います。

・住んでいる地域について理解を深めることが郷土愛や愛国心につながっていくことだと思います。地域のことを知らなければ、その地域、郷土を愛することはできません。日頃は生徒の学力の向上のためにどのようにすればよいかと考えがちであった私でしたが、社会科のおもしろさを伝えることの大切さを再確認させていただいた講義でした。

・私たちの身の回りには教材のタネはいくらでもある。今日の「地名と製鉄」についての講義により、地域の地名を教材化するヒントをいただいた。これは、身近な地域に限らず、もっと広い範囲で応用できることである。私たち教員には身の回りに見過ごしていることはまだまだある。生徒の興味、関心を高め、意欲を高められるタネを見つけられる感性をもち続けたい。アンテナを高くして情報収集したい。そして内容のしっかりした教材を開発していきたい。「地名と製鉄」という講義から、それだけではなく、教材開発の原点を再認識させていただきました。

・小学校だと1限を45分で授業を進めていますが、その中でも起承転結のある授業を心がけなければなりません。もちろん、それなりに事前に研究をし授業にのぞむわけですが、年間指導計画でも時数が決められているため、ついつい無難な標準的な授業になりがちです。心の底では「子どもたちの発想を大切に」と思いながらも、どうしても楽な方向へ進んで行ってしまうことがあります。子どもたちにそれなりの知識は備わっていても、それが、個性とかその子らしさが伸ばせない一つの要因であるように、本日の講義の中から強く感じました。

第5章　社会学演習──講読・調査・個人研究

1　演習の一般的形式

大学の授業には、講義科目のほかに少人数制の演習がある。これまで大学における「社会学概論」講義の授業方法や効果などに触れてきたが、それを受けて、ここでは社会学演習の形式と課題を検討していきたい。この章はいわば「おまけ」的な位置を占める。

演習形式の授業は自学自修を本旨とする大学にとって、本来あるべき授業形態と位置づけることができるはずである。その基本形式は、共通のテキストを設定し、毎時間、あらかじめ指名された発表者がテキストの指定部分を要約し、そのなかから問題提起をして、参加者とともに討論する、というものである。もちろん、参加者は当該時間のテキスト指定箇所をあらかじめ読んで、理解しておく必要がある。

そのうえで、理解できない部分や自分の見解とは異なる部分などを参加者のあいだで共有し、一定の共通見解に至るように討論に参加することが求められる。また、発表者はその回の授業の中心的な役割を果たすわけだから、テキストの当該部分の内容を深く理解し、そこで提起されている基本的な論点を自分なりに検証しておく、といったことも求められる。発表者にはテキストから発展的な議論ができるような問題提起が期待されているのである。

これが大学における演習の一般的な形式である。もちろん多少の違いはあるかもしれないが、今日ではたいていの場合、こういった形式は「みようみまね」というか、あるいは大学における自明な方法として採用されているのである。だが改めて考えてみると、この形式はいったい何であるのか。

わたし自身の経験を振り返ってみると、演習の時間の組み立てがこのような形式を取る、と教えられたのは、大学二年生のときであった。それ以来、演習とはこういった形式のもとに行なわれるのは自明であって、そこからの大きな逸脱はなかったように思う。この形式がどのような思想に基づいて始められたのか、などとほとんど考えることもなく、まただれからも教えられることなく、ただ慣習のように受け入れてきたのである。

だが、この方法には歴史的な根拠があった（大西編 1981: 27）。それは中世の修道院におけるスコラ哲学の学習法に起源をもっていたのである。そこでは、参加者たちが毎回テキストを読んでいくのだが、単に「**講読**」（lectio）するだけでなく、「**問題提起**」（questatio）とそれを受けての「**討論**」（disputatio）が重要な位置を占め、それをつうじて「**問題の解決**」（determinatio）がはかられていった。この形式は「**教義**」を学ぶためのものであったが、それが今日の大学に受け継がれている、ということである。この、一つの「事実」を前にして、人は演習について何を思うのだろうか。中世ヨーロッパ以来の伝統の重みをしっかりと感じるのか、それとも「因循姑息」を感じるのか。

2　講読型演習の成果——三年目にみる精神の発展

■演習一年目の状況

先ほど述べたように、わたしが演習に出会ったのは大学二年のときの社会学演習であった。担当者は一応、K教授となっていた。ただ最初の時間に行ってみると、演習としては人数が超過気味だった（といっても、その場に居合わせた学生は二十名ほどだっただろう）。そのことはK教授もあらかじめ予想していたようで、「人数が多いと講義みたいになってしまうので、学年別に分けます」ということで、K教授は三、四年生を担当し、二年生はN教授が担当することになった。急なクラス分けではあったが、同一時間帯で同一のテキストを使うのであるから、K教授とN教授とのあいだには事前にそれなりの打ち合わせができていたに違いない。

ちなみにK教授とN教授はともに**都市社会学**を主要な専攻領域としていて、設定されていたテキストもその分野のものであった。ただしこの二人には、研究上の役割分担があったようである。K教授は社会調査における理論部分を担当し、N教授はそれを踏まえて理論を実証できるように変換する、という分業体制が採られていたのである。この事態を「コロムビア大学におけるR・K・**マートン**とP・**ラザースフェルト**のようなものだ」と知ったかぶりしていう学生もいた。

さて、この年の社会学演習では岩波書店から発売されて間もない「**現代都市政策叢書**」が選ばれていた。始めはやさしいものから、ということで、**篠原一『市民参加』**（篠原 1977）が選ばれ、つづいて田村明**『都市を計画する』**（田村 1977）、そして最後が**宮本憲一『財政改革』**（宮本 1977）という順であった。N教授は演習について何も知らない二年生に対して、「講読」・「問題提起」・「討論」・「結論」という一連の手順を示し、授業はそれに基づいて順調にすすんでいった。それは何よりも、二年生のみ十名程度の演習には自分の無知を棚に上げて何でも話せるという雰囲気があり、N教授も学生の話にとことんつき合うという態度で臨んでくれたことが大きい。

おそらくこのテキストを決めたのはK教授であり、自分の研究のために選んだ、という背景もあっただろう。だがこの叢書は三冊で刊行が中断してしまった。そこで二年生の演習はN教授の判断で、最も社会学的な文献の一つであるマックス・ウェーバーの**『社会科学および社会政策における認識の客観性』**（Weber, 1904=1998）を最後に取り上げて一年間を終えることになった。ところが、このテキストはウェーバーの文章もさることながら翻訳が難解で、それまでのようにスラスラとすすむわけにはいかなかった。内容的にもウェーバーが相対主義の立場から客観性を規定しようとしていることはわかるのだが、この文章が書かれた背景がみえてこないので、十分な理解には至らなかった。個人的に振り返ってみると、ウェーバーの「**客観性**」や「**理解社会学**」が十全な形でみえるようになったのは、のちに読んだ**安藤英治『マックス・ウェーバー研究』**（安藤 1965）のなかで、執拗なまでにこの問題が論じられていたところが大きい。

演習一年目は最後に、現代都市政策叢書三冊のなかで提起された論点を一つ選んで、それに関してレポートを提出する、ということで終わった。

■演習二年目における不満

さて、翌年の話だが、社会学演習は継続して行なわれていた。ただしこの年度は少し変則的で、前期がK教授、後期がN教授というように、通年の科目でありながら、二人の教授が半期ずつの分担というかたちになっていた。金曜日の一時限目に設定されたためかもしれないが、参加学生は半減し、二、三、四年生の合同であった。

前期はまさしく昨年度からの継続を意図していたようなのだが、例の叢書がつづけて刊行されないため、この叢書のもとになった**「岩波講座・現代都市政策」**のなかから読んでいくことになった。とりあえず**第一巻「都市政策の基礎」**（松下ほか 1972）を取り上げて、あとは分担発表者の好みでどの巻のどの論文を選んでもよいことになった。わたしは防災や公害問題を扱った**第六巻「都市と公害・災害」**（高橋ほか 1973）を取り上げ、議論が起こるようにそれなりの問題提起も行なったのだが、はっきりいって結果は不発に終わった。このあたりからはっきりとしてくるのだが、K教授は学生相互の活発な議論を期待していなかった。K教授の主要な関心は、毎回の発表者がどれくらい本を読んで、事前に十分準備しているのか、という点にあったのである。もちろん発表者以外の学生が積極的に議論することは可能であったし、実際にそうした機会もあったのだが、K教授は議論の展開に向けて何の「しかけ」も用意していなかった。こうなると、多くの学生は黙っていてもいい、という雰囲気になり、K教授と発表者のやりとりでほとんどの時間は終わった。

それに引き続く後期は、J・W・フォレスターの『アーバン・ダイナミックス』(Forrester, 1969=1970)が取り上げられた。これはシステム・ダイナミックスの手法によって、都市の動的挙動に関するモデルとシミュレーションを扱っている。都市工学といってもよさそうな領域のテキストであるが、アメリカの現実をモデル化しているため、住宅政策などが難解で、またそれ以上に、モデルの設定とシミュレーションの恣意的とも思える内容に理解が及ばず、一言でいうと難解な著作であった。ただ、都市の計量的な分析を専門とするN教授のまさに専門領域なので、すらすらと解説していただけるのではないか、という期待はあった。

しかしN教授の「学生とともに学ぶ」という姿勢は不変であり、結局、わからない部分はわからないままで終わった。テキスト自体はN教授にとっても難解であったのかもしれない。N教授はたとえば、ある発表者に対して、「〇〇君、今日の発表にどれくらい時間をかけましたか。一五時間くらい?」という問いを発していたが、確かに数十ページの分担であっても、その程度の時間をかけなければ理解できない内容なのであった。結局、N教授は最後に、「このテキストは難解なため、学期末のレポートを書くまでには至らない、と判断します」と述べ、成績評価のためのレポートはなく、発表のみで単位が与えられることになった。

というわけで、この年度の演習でもテキストの講読が中心であり、討論による問題の展開は始めから意図されていないかのようであった。ただし年度の途中から、何人かの学生のあいだで共通の不満があることがはっきりとしてきた。それを集約すると、都市社会学といいながら、取り上げられているテーマが「なぜ社会学なのか」わからない。いきなり個別の問題を扱うよりも、その前提として社会学の基礎的な議論が必要なのではないか、というものだった。わたしはよく知らなかったのだが、この共通の不満は数人の学生によって年度末にK教授に申し入れられ、K教授も「改善」を約束していたようであった。

■演習三年目における発展

三年目の社会学演習はK教授とN教授がそれぞれ別個に授業を受け持つ、という形式になった。時間帯は別だったので、学生は両方の演習に参加することが可能だった。わたしは社会学のほかの領域の演習（社会心理学、マスコミ論、ジャーナリズム史）に参加するつもりはなかったので、二つの社会学演習に参加することにした。

K教授の演習では始めに、今年度は学生の要望を踏まえて理論的なテキストを読む、という方針が示され、具体的には、**カール・マンハイム『イデオロギーとユートピア』**（Mannheim, 1929=1968）、**アルヴィン・W・グールドナー『社会学の再生を求めて』**（Gouldner, 1970=1978）、**アンソニー・ギデンズ『先進社会の階級構造』**（Giddens, 1974=1977）の三冊が候補として挙げられた。それについてはだれからも異論はなく、社会学の理論を主体とした講読となった。K教授の演習はこれまでと同様に、発表者がどれだけ事前に準備をし、テキストの核心をはずすことなく発表しているか、という点に重点がおかれていた。つまり、学生は自らの学修の成果をK教授の前でお披露目する、といった感じである。K教授自身のテキストの読みは深く、発表する学生は不十分なところを指摘されることがしばしばあった。しかしほかの参加学生は極端にいえば、いてもいなくても同じであった。そこがK教授の演習に対するわたしの一貫した不満であった。

とはいえ、そこから得るものも大きかった。たとえば、マンハイムの議論を挙げてみよう。「イデオロギー」と「ユートピア」の定義は独自のものであり、それを内在的に押さえておかなければ議論にならないし、逆に押さえておきさえすれば多様な議論に発展させることができる。そういったことをK教授と発表者とのやりとりから学ぶことができた。また、マンハイムとグールドナーをつづけて読むことによって、そこに**知識社会学**としての連続性を見出すことも可能になったのである（1）。

その一方、N教授の演習では参加学生の希望でテキストが選定された。二年生も参加していたので、最初は**É・デュルケム『社会学的方法の規準』**（Durkheim, 1895=1978）が選ばれ、つづいて**G・ジンメル『社会的分化論』**（Simmel, 1890=1968）、**T・パーソンズ、N・J・スメルサー『経済と社会』**（Parsons and Smelser, 1956=1958）、**A・トゥーレーヌ『行動の社会学』**（Touraine, 1965=1974）とつづいた。古典から現代へ、という流れである。N教授の学生とともに学ぶ、という姿勢はここでも不変であったが、前期の途中では時に（失礼ながら指摘すると）、「居眠り」している姿もみられた。学生の要領を得ない発表では眠くなってしまうのも無理はない、などと思ったのだが、後期になるとN教授は積極的な姿勢に転じ、学年末の最後の時間でも「もっとやりたい」という風に変わっていった。N教授の演習では学生間で疑問や質問が出しやすく、素朴な疑問も参加者みんなで考えていこうという雰囲気があった。それを前提にして、発表学生も積極的に問題提起し、討論に重点がおかれるようになっていった。つまり、開放された空間のなかで参加者のだれもが対等に自分の議論を提供していこう、という姿勢で臨めば、演習の時間は制度を超えて、楽しいものになっていく。

■演習三年間の成果

こうしてわたしは、社会学演習に三年間出席しつづけることになった。当初、演習という形式すら知らずに参加し、ただ指定されたテキストを読んでいたが、二年目の半ばあたりからその内容に疑問をもつようになって、形式そのものを**学生主導**へと変えようとしていった。そして最後の三年目は、K教授、N教授の専門領域とは必ずしも重ならない領域で、二人の教授を巻き込むようなかたちで演習の形式を発展させていった。学生は教授に勉強させられたのではなく、教授に勉強をつき合ってもらったのだった。

これは従属者が**学びの主体となっていく過程**だったといってよいだろう。最後の三年目では、わたしも含めて、二つの演習に共通して参加していた数人の学生が自主的な研究会をつくって勉強をつづけていった。

3　調査型演習の試みと報告書

■武久川調査

それから一二年後のことである。わたしは下関市立大学経済学部の三、四年生を対象に演習を担当することになった。演習は学部の必修科目の一つで、三、四年次の二年間を連続して履修して4単位という設定になっていた。毎年秋に二年生を対象に演習の募集が行なわれる。演習の担当予定者が概要を説明したり、資料をみてもらったりして、希望者を募るのである。経済学部なので経済学の各分野のテーマが中心を占めていたが、商法、地理学、日本史、政治学、そして社会学の担当者も演習を受け持っていた。各演習は月曜日の午後か金曜日の午後に二時限つづきで設定され、前半は三年生、後半は四年生というようになっていた。ただし四年生は就職活動のため、授業が成り立たない、というのが実情であった。

また、「卒業論文」は制度化されておらず、演習ごとにそれに相当する論文を提出する場合もあった。ちなみに、大学の附属図書館には卒論の製本用に製本機がおいてあって、学生の人数分の表紙とノリ(熱で溶かして背を固定する)が用意されていることをあとで知ったが、このことは実質的に卒論が演習単位で制度化されていたことを示すものだろう。

わたしは学生を前にして演習の説明会をしたことはなかったが、社会学の演習は割と人気があったようで、募集定員を超える希望があり、抽選になったようだった。その頃の演習の学生定員は22人であり、半数近くの演習が定員の上限を満たしていた。あまり人気がないのは統計学や計量経済学などの数学を使う演習であり、学生数人という演習もあった。しかし改めていうまでもなく、人気と質とのあいだに相関関係はない。

わたしの演習は**環境問題**に関する調査を行なう、と説明していた。学生数22人はテキストを読むには多すぎる感じもあり、いくつかのグループをつくって少人数で調査をしてもらおうと考えたのである。具体的な調査対象は、市内を流れる**武久川**《たけひさかわ》**の水質汚濁問題**とした。地元の町内会が主体となって河川の浄化活動を行なっていることが新聞などでも紹介されていたので、手がかりがあって調査しやすいと考えたのだった。

　最初の何回かは問題の概要や**社会調査**の方法論を検討し、そののち学生をグループ分けした。そのグループとは、行政調査班（5人）、住民運動調査班（4人）、住民意識調査班（5人）、比較調査班（8人）の四つである。調査結果はのちに報告書としてまとめるのだが、この演習全体の目的意識と結果の概要について、わたしは資料5・1のように書いている。

　この文章は、学生とともにつくった調査報告書の概要部分の一部である。この報告書はいま読んでみると、調査の各領域がいずれもよく書かれていて、全体としての体裁が整っているように思う。演習全体の進行も、夏休み前の六、七月に各グループの協力を得て「**留め置き法**」によって**住民意識調査**が実施できたことが大きく、それと前後して行なった行政機関への聞き取りでは、全国に先駆けて川の浄化計画がすすめられていることもわかってきた。さらに、住民団体との接触をとおして、その具体的な活動に触れ、こちらも住民意識調査の結果を提供して、マス・メディアに概要を流し、新聞報道されたり、さらに住民団体から表彰されたりもした（付記参照）。このように現実の社会と接点をもつことによって、参加学生は自分たちの調査が社会的にも一定の意味をもつと実感することができ、大きな励みになったはずである。

　その一方で、わたしはこの演習に不満を抱いていた。それは22人の学生のうち、脱落者（無断欠席をつづける学生）が次第に増えていったことである。後期になるとそれは特に顕著になっていった。たとえば、年度末近くにつくったまとめの報告書の執筆者は22人中15人であった。つまり、3割前後の学生が途中で脱落状態になった、ということである。理由を考えてみると、問題関心が持続せず、他人任せの生活をとおしてよく知っているはずだと思われたが、調査の結果、住民意識は全体としてみれば汚染問題に対しては予想以上に鈍感であった。特に住民一人一人の生活排水対策についての意識はまだまだ希薄である。しかし30年以上も前の武久川の姿を知っている50歳台以上の住民層や、自治会の浄化活動に協力したいと考えている住民層を中心に、武久川流域美化運動は今後大きく発展して行く可能性をもつと考えられる。今後とも運動体や行政の住民に対するはたらきかけが重要となるはずである。

（出典）井上孝夫「武久川水系の環境汚染問題調査の目的と課題」(1993: 1-2)

になってしまったためかもしれないが、大学全般の傾向として、授業をさぼりがちでも試験を受ければ何とかなる、と考える学生が少なからずいたように思われた。制度的には、三年次末で成績を出さずに、二年間継続して4単位、という単位認定の仕方にも問題がありそうだ。

その一方で、演習の進行も学生主導にはならなかった。一般論としていえば、最初のうちは学生が受け身の姿勢でいても仕方がないだろう。しかし少人数のグループをつくったあとは自分たちで積極的に動いていくことが期待されている。だがそのような積極性や創造性はついにみることができなかった。わたしは年度末近く、大学関係者の集まるある席で「学生とともに武久川の調査を実施しましたが、結局、一番勉強したのはわたし自身だったと思います」と話した（新聞報道されていたので、その場にいた関係者の多くはわたしの演習の内容について知っていた）。するとあとで、K大学を定年退職してその年度に着任された化学のA教授から、「この大学の学生は確かに積極性がありませんね。どうしてでしょうか」といわれてしまった。

その理由をわたしなりにいうと、学生の多くは授業科目の内容にはかかわりなく、単位を取りさえすればよく、勉強はそのための作業だと考えている節があるからである。そのことを最も象徴しているのが、年度当初の

資料 5.1　武久川水系の環境汚染問題調査の目的と課題

私達のねらいは社会学の立場から生活環境問題を検討しようとするところにある。このような立場からの主要な関心事は、生活環境悪化という一つの社会的事実に対して関係者がどのように考え、行動しているのかを明らかにし、併せて問題解決への展望を探ろうとする点にある。このような関心に即して私達は武久川の環境汚染問題について、次の4つの課題を設定した。

まず、武久川水系の状況について実地に歩いて調べてみることである。事例研究は対象地域を知らなければ何事も始まらない。私達は本州の最西端に突き出した半島の様相を呈する下関市域の山陽地区と山陰地区とを隔てる分水嶺の一つ霊鷲山（標高288.5メートル）に源を発する武久川の源流から日本海に注ぐ河口までの約5キロメートルの道のりを何度か歩き、河川及び周辺の状況を調べ、汚染の実態を観察した。そして、同じく霊鷲山に源を発し山陽側へと流れる長府の檀具川の周辺環境との比較を試みた。

次に武久川水系の汚染をめぐる行政の対応について、主として関係機関からの聞き取り調査によって現状把握を行なった。武久川の水質汚染に関係する行政機関はまず、2級河川武久川の河川管理責任のある山口県河川課およびその出先機関である下関土木事務所、そして水質管理責任をもつ下関市環境保全課および山口県環境保全課である。だがここでは対象をやや広げて、これ以外に下関市内の準用および普通河川を管理する下関市河川課、下水道行政を担当する下関市下水道部、上水道行政を担当する下関市水道局からも聞き取りを行なった。

その一方で武久川水系の汚染に関しては武久川流域、特に下流の武久町の自治会を中心にした流域美化推進運動があり、運動のリーダーの方々と接触して運動の具体的な形態や成果、展望について検討することができた。実のところ私達が武久川水系の問題を取り上げることにしたのは92年1月に自治会を中心とする住民運動が始まったことに関心をもったことが一つの契機になっている。そして実際に触れることができた住民運動の姿は私達が当初考えていたよりも大きな可能性をもつことがわかり、武久川の周辺環境の改善に関しても明るい展望をもつことができたのである。

最後に「武久川の水質汚染に関するアンケート」と題して、武久川周辺に生活する住民の意識調査を実施した。流域住民は武久川の様子を日々

第一回目の授業においてさえ欠席率が5割を超えている、という事態であった。第一回目の授業くらいは出席して、その内容を知り、そのうえでその科目を受講するかどうか決めるのが「大学の文化」だと思うのだが、それすら多くの学生には省略されていたのである。

■その後の調査演習

その後もわたしは何度か調査を中心とする演習を試みている。だが、その結果には必ずしも満足していない。

一九九三年から九五年にかけて、「千葉県の水環境調査」と称して、県内の三地点の調査を行なったことがある。このときも参加学生が11人ほどいて、従来型の講読中心の演習よりは調査の方が学生向きだろうと考えていた。選んだのは、千葉市の都川《みやこがわ》、市原市の養老川水系の高滝ダム、習志野市の谷津干潟の三ヵ所である。新聞の県内版に記事が出ていたり、学生からの要望があったことが、選定理由である。武久川調査と同様の方法論の発想で、行政や住民意識などの調査を実施し、一定の成果は収めた。だが三つに分けたグループごとのまとまりが悪くなったり、それともかかわって演習の時間の出席率が低下し、まとめの報告書の提出も翌年にずれ込んだりと、いろいろな問題が出てしまった(2)。

また、一九九六年度には「**房総の製鉄文化**」と題して、千葉県内の製鉄とかかわりがありそうな地域を対象に実態調査を試みようとした。このときも参加学生が多かったので、あらかじめ用意した調査対象の候補地のリストを示して、各学生に選んでもらった。ただしこのときは、実際の調査の前に、文献の研究にかなりの時間をあてた。そこからいえば、文献研究をつうじて得た理論的な枠組みを調査対象にいかにして適用していくのかが、最も重要だったはずである。

だが『**房総製鉄伝承の基礎研究**』（井上編 1997）としてまとめた調査結果を読んでみると、参加学生による各論稿は肝心の「製鉄文化」にまでたどり着いていないのではないか、という感想を抱く。それは好意的にみれば、学生の慎重さに基づくといえるが、別の観点からみると、理論と対象を結びつける想像力の不足ともいえる。

以上の経験に即していえば、調査演習では実態調査は割と順調にすすむのだが、結果の分析やまとめに時間がかかり、しかも十分なまとめにならずに終わってしまう、という傾向がみられる。また、調査の前提として共有されるべき理論的な枠組みが十分に生かされていないのではないか、という疑問も残る。ただ、見方を変えれば、初めて取り組む課題に対して、数ヵ月程度で学んだ理論を活用するのは難しいかもしれない。

演習参加者が十人を超えると集団としての凝集力が落ちるだろう、という見込みのもとで小グループをつくって取り組んだ調査研究も、後半から脱落者が出て、全般的には不十分なものに終わってしまった。要するに、参加学生は個人優先であって、集団のもつ規制力はあまり働かないのである。そこで、個人個人の責任において参加する演習について考えてみたい。

4　個人研究型演習の試みと発表

■個人研究の10テーマ

ここで取り上げる事例は、社会学における**現代社会論**をテーマとしたある年の「社会学特講」の授業である。これは演習とは断っていないが、学生の**研究発表**を主体とする演習形式とした。この授業の登録学生は38名だったが、うち3人は早くから脱落したので、実質は35人であった。この人数で演習を試みたのである。

最初の三回は、いわば授業へのオリエンテーションにあてた。第一回目は社会学における現代社会論の問題設定についての説明である。「現代」の起源を歴史的に考えれば、二十世紀の一**九三〇年代**が大きな意味をもつのだが、それを押さえたうえで、表面的（現象的）には世にいう「**3C時代**」**以降が「現代」**なのだ、というような説明をし、その枠内でのさまざまな問題を挙げてみた(3)。そしてそれを受けて、参加学生には、自分が取り上げてみたいテーマを考えておいてほしい、という課題を出した。つづく第二回目は各自が取り上げる研究テーマを発表してもらい、それを大括りのテーマに分類し、研究発表の順番を決めていった。35人の発表題目は表5・1のような大括りにしてみた。

個々の学生が選んだ発表課題は実に多様で、雑多なものであったが、すべてを生かすことにして、無理を承知で次のような10のテーマに括ってみたのである。

(1)　モラル崩壊、政治不信、価値の多元化

(2) インターネット
(3) 情報社会
(4) 高齢化、社会保障
(5) 食生活
(6) 人間関係
(7) 希望と絶望、スポーツ、科学
(8) 環境、資源
(9) 物と情報
(10) 格差

これが**個人研究型演習**のプログラムになるのだが、プログラム決定から一週間後に始めるのは無理なので、第三回目はわたしが「(第一次)安倍内閣崩壊の真の原因」と題して、いわば手本を示すことにした(4)。

そのうえで、発表にはA4判一枚程度の資料を用意し、参考文献は必ず二つ以上挙げ、一つの文献に安易に飛びつかないように、という注意を与えた。発表時間は一人あたり15分から20分程度とし、それぞれの発表のあとに質問の時間を5分程度設けることにした。また、この種の発表型演習の場合、自分の発表以外の回では、他人の発表を聞くことがおろそかになることが懸念されるため、毎回、発表に対する意見や質問、感想などを書いて、終了後に提出してもらうことにした。提出された意見レポートは、翌週の冒頭で紹介した。また、すべての発表が終了した学期末には、自分の発表と参加者の意見などを

8. 環境、資源
チャベスの石油政策について
リサイクルは本当に環境にやさしいのか？
環境問題——排出権取引
環境と資源——社会的ジレンマからの脱出

9. 物と情報
仮想社会・セカンドライフからみる現代の情報社会
テレビ報道の実態
メディアと情報格差
ウェブ社会を行く

10. 格差
トラッキング（能力別学級編成）が及ぼす生徒の分化と職業格差
教育格差が格差社会へとつながる?!
地域からみる格差社会

踏まえて最終的なレポートをまとめ、提出してもらった。

このように、個人研究型演習の場合、参加学生は毎回何をすればよいのかが明確に定まる。別の観点からいえば、定められた課題をやるかやらないか、がすべてであり、それ以外の要素が入り込む余地はない。ただ漫然と出席しても、単位の取得はできないということになる。

■成果と評価

その結果について、まとめておきたい。

まず、各発表者とも事前にきちんと資料を用意してきた。準備が遅れて手抜きした、という事例はなかった。当初、何人かは資料を用意しないのではないか、と見込んでいたのだが、それは完全な見当違いであった。

発表内容はオリジナリティの高いものから、特定の文献に頼ってしまったものまで多様だが、発表後の質疑や終了後に提出してもらった意見レポートの内容をつうじて、発表者に全体の評価が伝わるようなかたちを取った。発表に対する口頭での質問には鋭い指摘もあったが、質問者は各

表5.1　社会学演習　個人研究の10テーマ別題目

1. モラル崩壊、政治不信、価値の多元化
   価値の多元化――『公』に侵食する『私』
   現代社会の特質――モラル崩壊と価値観－
   政治不信――実態と原因
   著作権と現代社会

2. インターネット
   なぜ日本でブログは流行しているのか？
   インターネットの弊害
   インターネット依存とひきこもりの関係について

3. 情報社会
   情報化社会――ユビキタス社会
   著作権管理の実態

4. 高齢化、社会保障
   年金記録漏れ問題――なぜ発生したのか
   保険料方式の限界と税方式による年金制度の確立
   年金は払い損になるか

5. 食生活
   食生活――中食産業の現状と今後
   値上がりする社会――その原因と対策
   食文化の崩壊
   家庭料理の崩壊――おふくろの味はコンビニで

6. 人間関係
   隠蔽されるいじめ――かくしていじめは隠蔽されている
   薄れる人間関係
   犯罪の低年齢化・少年犯罪の凶悪化……？
   ニート―社会のゴミか被害者か

7. 希望と絶望、スポーツ、科学
   高速化する社会
   日本経済の未来――流通から考える
   科学の発展は何をもたらすか
   体力低下が活力の低下、ひいては国語力低下も招く

回とも特定の数名に限られた。大半の学生は授業終了後に提出する意見レポートを書くことに集中していた感もある。そのレポートもいいかげんな記述はほとんどなく、真剣に考えた結果のコメントが多かった。

いずれの回も終始緊張感があって、時間があっという間に過ぎ、時間不足と感じることもたびたびだった。また、学生の出席率もきわめて高く、35名中26名が一度の欠席もない「皆勤」であった。そして最終レポートも自分の言葉で表現した「論文」に準じる水準に達していたものも多くみられた。ただ数名は提出期限に間に合わず、遅れて提出した。

すべての授業が終了したあと、特に感想を求めるということもしなかったが、学生のあいだから漏れてきた「自分の発表の二週間前くらいから緊張していた」という言葉と、「大いに勉強になった」という感想がすべてを物語っていたように思われる。

5　三つの演習型の利点と課題

社会学演習も講義形式のほかの授業と同様に、その方法やテーマの設定といった大枠を、教師が主導することになるだろう。だがその実質については、学生が主体的に参加し、積極的に学んでいくことが期待されている。

このような観点からみると、中世のスコラ哲学の学習法に起源をもつ**講読形式**の演習は発表者が中心で、それ以外の学生は手抜きできる、という点では若干の問題が残る。たとえば、本来ならば活発な討論が起こり得る場面で、学生が消極的な場合、気まずい沈黙が支配し、授業そのものが憂うつな時間になってしまうかもしれない。

それに対して、本を読むのではなく、**小グループ**ごとにまとまって足でデータを稼ぎ、それをまとめて発表していく、という**調査型演習**の場合、小グループのもつ協力や相互規制といった「社会的な力」が期待されるわけだが、ここでも、特定の学生に作業が集中し、他人任せで脱落していく学生が出てくる可能性もある。小グループが期待したほどの機能を果たさない、ということも意外に多くありそうである。

最後に取り上げた**個人研究型演習**の場合、まず、参加学生数40名前後まで対応が可能だという利点がある。そして、第一回目の授業で、方法を明示し、この方法のもとに行なう授業に参加する意思があるかどうかを学生に確認しておけば、「単位だけ取れればいい」などと考えている安易な参加者を排除することもできる。さらに、毎回、発表に対する意見や感想を提出してもらうことにすれば、学生は他人の発表を真剣に聞き、参加意識も高まっていく。このような利点は、**個人個人を責任の主体**とすることから発生している。それに対して、演習を参加学生の共同体であるかのような幻想に基づいて運営していると、共同体への悪乗りによって手抜きする利己主義的な学生が出てきたときに、うまく対処できなくなるおそれが生じるのである(5)。

とはいえ、この三つの形式のどれが優れているのか、ということは不確定である。演習の成果もまた、ほかの授業と同様に、学生の意識や態度、行動によって規定される側面が大きいからである。どのような形式であっても、それにふさわしい内実が伴うのならば、それで満足することができるだろう。「講読」をつうじて、社会学の古典をじっくりと深く読んでいくことはその後の人生において確固とした自信につながっていく。また、社会学でいう「調査」とは他人との接触であり、それをつうじて情報を得る方法や相手の本音を聞き出す手法を学び取ることもできる。

そして、授業をその場限りでみることなく、将来出くわすことになるであろう、多様な状況に対処するための「きっかけ」を与える場と考えるならば、それぞれの形式が固有の存在意義をもっている、とみなければならない。

注

（1）正確にいうと、K教授によれば、グールドナーはマンハイムの亜流にすぎない、ということになる。

（2）このときの調査演習の結果は、『千葉県の水環境調査』（井上編 1995）としてまとめられている。なお、この調査は一九九五年度の参加学生が少なかったため、継続することなく、打ち切った。

（3）改めていう必要もないかもしれないが、ここでの「3C時代」とは、CAR（自動車）、COOLER（冷房装置）、COLOR TV（カラーTV）に代表される耐久消費財が広く普及していく時代のことを指す。一九六〇年代後半の時代である。なお、一九八二年に高校で「現代社会」という科目が設定された際、「現代」とはいつからなのか、という問題が起こった。当時の文部省の説明がこの「3C時代」以降であった。ここでは「とりあえず」として、そのような見解を採用してみた。

（4）わたしの発表は、二〇〇七年九月に安倍晋三内閣総理大臣が突然辞意表明したことを受けて、この内閣が崩壊した真の原因を探ろうとしたものであった。授業が終わったのち、このときの配布資料を授業には参加していなかった四年のある学生に見せたところ、「自分も教育実習でこういうテーマを取り上げたかった」と感想を述べてくれたことが印象に残っている。

第一次安倍内閣が一年ほどで総辞職したのは、相次ぐ閣僚の失言、政治とカネをめぐる不透明さが原因とされる。その一方で、経済政策はどうだったのか、という点にも注意を払おう、というのがここでの趣旨であった。

（5）この点とともに、参加学生の問題関心が途中で変化した場合、ほかの演習（ゼミ）に移動できるような開放性をもつことも必要だろう。「教員の囲い込み、学生の遠慮という事態は、ゼミを閉ざされた空間にさせかねない。やがて、学生は教員を信奉し、教員に逆らえなくなる。こうなると、教員の学説、主張に対して異論をはさむことができない」（原 2019）との指摘はもっともである。ゼミの運営において留意すべきことは、閉鎖的な共同体にはならないこと、教員が教祖様にならないこと、である。

付記　武久川住民意識調査

武久川住民意識調査の概要は最初、『読売新聞』の記者に伝えていた。その記者は武久川浄化のシンボル・モニュメントの除幕式当日の朝刊（一九九三年一月二七日下関版）に「武久川浄化／流域住民　認識と行動にズレ／下関市立大生調査／「改善すべき」80％　実行した人は32％」という見出しで、資料5・2のような記事を書いてくれた。

シンボル・モニュメントの除幕式には行政やマスメディア関係者も出席していたので、調査結果概要を手渡したところ、『西日本新聞』と『山口新聞』がそれに基づいて記事にし、『朝日新聞』と『毎日新聞』は取材とあわせて記事にしてくれた。また、表彰状の文面は次のようなものである。

奨励賞

下関市立大学経済学部井上ゼミナール代表
井上孝夫　殿

あなたは地域に密着した環境問題にとりくみ武久川の意識調査について成果をあげられました
よってその学術的社会的意義を高く評価しここに奨励賞を贈ります
平成5年1月27日

武久川流域環境美化推進協議会
会長　中村太郎

資料5.2　武久川浄化　流域住民　認識と行動にズレ
下関市立大生調査「改善すべき」80%　実行した人は32%

汚染がひどい下関市西部を流れる武久川について、8割の住民が「改善すべき」と答えながらも、実際に「台所の油などを川に流さないようにしている」など改善に取り組んでいるのはわずか3割——。下関市立大生が無作為抽出の流域住民150世帯を対象にした環境意識調査で、こんな結果が出た。

調査は、井上孝夫経済学部助教授（社会学）のゼミに通う学生22人が昨年6、7月に行った。学生が直接用紙を手渡し、1週間後に回収する方法で調査。回収率は70.6%。

武久川は、環境庁水質測定で、昭和63年度に水質汚濁全国ワースト5。平成元年度にはワースト3にまでなり、流域の自治会が中心になり、武久川流域環境美化推進協議会を発足させ、汚名返上に向けて浄化活動に取り組んでいる。

水質汚染について、「改善すべき」が80.6%と圧倒的に多く、汚染についても「行政と住民に責任」と答えた人が65.7%、続いて「住民」13.9%の順。改善に向けて実行した人はわずか32.4%で、取り組んだ改善策としては「油などを流さない」「川にゴミを捨てない」「川の草刈りやゴミ拾い」など。

「だれが中心になって環境問題に取り組むべきか」には「行政」が63%とトップで、「住民」「企業」の順。自治会が浄化活動に取り組んでいることを知っている人はわずか31.5%で、取り組みは他人まかせの実態が浮かび上がった。

「今後、浄化活動に協力するか」の問いには「協力しようと思う」（51.0%）と半数の人が意欲を持っていた。

これらの結果に、リーダーの下津世輝さん（経済学部3年）は「改善すべきとの認識は持ちながらも実行されていない、という当初予想した通りの結果だった。日常生活に追われ、身の回りのことにまで手が回らないのだと思う」と分析、近く報告書をまとめ市、自治会などに配る。

（出典）読売新聞下関版　1993年1月27日朝刊

第6章　社会学の独自性とは——主意主義的視点

1　社会学とはそもそも何か——二重の視点

■総合的で基礎的な学問

「頭を鍛える」社会学の授業について、これまでに実行した試みについて振り返ってきたが、社会学とはそもそも何であるのか、と問いたい。

この問いに対しては、少々ずるいいい方になるかもしれないが、**社会学（Sociology）とは総合的な学問であると同時に、基礎的な学問でもある**、といっておきたい。

まず、社会学の総合性について少し検討してみよう。日本社会学会（日本の社会学研究者が所属している学術団体）が採用している社会学の分野をみると、社会哲学・社会思想・社会学史、一般理論、社会変動論にはじまって、政治・国際関係、教育、経済、法律などを含め、全部で三一分野に及んでいる。これをみると、社会科学（Social Science）のほぼ全領域を覆い尽くすといっても過言ではない。事実として、社会学は総合的な学問なのである。だがそうだとするならば、あえて社会学などといわずに単に社会科学といえばよいのではないか、という問題が生じる。実は社会学の関係者はこのゆゆしき問題について、過去百年以上にわたってあれこれ考え、社会学の独自性を主張してきたのであった。エミール・デュルケム（社会的事実の学）しかり、マックス・ウェーバー（理解社会学）しかり、ゲオルク・ジンメル（形式社会学）しかり、……。その後も、社会学をめぐってさまざまな議論が提起されてきたが、未だ決着をみることはなく、現実の社会学は現実の社会が複雑化するのに対応してますますその領域を肥大化させている。

ただ大雑把にいえば、社会学の独自性は、**「人間の行為・関係の視点」**の提示、ということになるだろうか。つまり、社会学は特定の対象に依拠してその独自性を主張するのではなくて、**あらゆる社会現象を分析してみせる「視点」**にこそ独自性がある、という立場であり、社会現象を、社会を構成する個人個人の**行為と相互関係**という視点から解明する、というものである。実際、わたしの立場もこのとおりであり、これまでにも触れたとおり、独自の行為理論に基づく社会学を**主意主義的社会理論**と呼んでいる。そこで、もう一度、この「視点」について確認しておくことにしよう。

主意主義的視点を明示的に定式化したのはアメリカの社会学者、**タルコット・パーソンズ**であった。その初期の代表作が**『社会的行為の構造』**（Parsons, 1937=1976-89）で、そのなかでパーソンズが試みたことを井上（2002a）に基づいて簡単にいうと、次のようになる。

「社会」というものをさしあたり人間の「行為」という観点から考えてみよう。社会的行為は行為者がある目的を追求していく過程といってよく、その基本的な構成要素は**価値**、**規範**（目的と手段を結びつける選択基準）、**目的**、**状況**（条件と手段）である。価値、規範は**観念的要因**といってよく、それに対して状況は**物質的要因**であり、**行為者は観念的要因と物質的要因の双方に規定されながら目的を追求していく**、と捉えることができる。以上が社会的行為の基本的要素である。

この点を押さえたうえで、これらの要素の結びつき具合で、行為理論は次のように分類することができる。まず、社会的行為を扱ううえで、もっぱら観念的要因のみを重視し、物質的要因の制約性にあまり注意を払わない理論、これを**理想主義的行為理論**と呼ぶ。次に、これとは対照的に、一定の物質的制約性のもとでもっぱら経済合理性を追求していこうとする**実証主義的行為理論**がある。ここでは観念的要因は経済合理性の規範に限定される。これら二つの立場に対して、観念的要因の多様性を認め、なおかつ物質的要因の制約性にも注意を払う行為理論を想定することができ、これを**主意主義的行為理論**と呼ぶ。主意主義的行為理論は理想主義的行為理論に物質的要因を付加したものといってよいし、また実証主義的行為理論における経済合理性の規範の至高性を緩和し、そこに多様性を導入したもの、といってもよい。この主意主義的な視点の確立をもって、社会学の独自性が成立したわけである。

しかし、社会学とは何か、と問われて、こういう説明をすると、はなはだ評判が悪い。抽象的でピンと来ないのである。また仮に、社会を行為から説明するなどといわれても、社会を具体的にみせるというわけにはいかない。社会とは所詮、人間の集まり（家族でも、村でも、会社でも、何でもよい）を抽象化した概念だからである。このような状況のもとで、わたしなりにわかりやすい社会学を模索することになったのだが、たどり着いた先は「**社会科学の基礎としての社会学**」とでも呼ぶべき領域と社会変動の問題であった。

■二重の視点——相互作用と制度

そこで、基礎的な学問としての社会学である。相手にピンと来ない説明をしても意味がない。直感的にわかるような表現法はないものか、とあれこれ考えてみた。そして少し大胆だが、

「**社会学とは社会現象の本質を解明する学問である**」

という結論に到達した。これは、単純明快である。簡単明瞭な答えを欲しがる相手にも通用しそうである。ただし、重要な含みがある。それは、**現象と本質**の問題である。現象とは自明性の世界、日常の世界、常識の世界のなかのことである。それに対して本質とはふだんはあまり考えない、現象の背後にあって現象を生み出している核になる世界である。このようにいうと、**マルクスの『資本論』**第一巻の冒頭が思い浮かぶ。

資本制的生産様式が支配している社会の富は「巨大な商品の集積」として現れ、個々の商品はその富の基本形態として現れる。それゆえ、われわれの研究は、商品の分析をもって始まる（Marx, 1867=1890=1972: 71. 訳文は変更してある）。

ここでマルクスは「として現れる」という表現を使って、社会の表層を語る（ちなみに、この点を力説したのは、日本の経済学者、**河上肇**である）。しかしそれはあくまでも上っ面の世界であって、その背後には生身の人間の世界――商品生産の世界という文脈でいえば、**資本家と労働者の関係**を中核とする世界――があるのだ、というのである。

第3章の表3・2で問題⑽として挙げた郵便制度を例にとって説明してみよう。同じ市に住むCさんに手紙を書くとしよう。切手を貼って郵便ポストに投函すれば翌日には届くのは自明である。だから投函する側は、手紙を読んだCさんがどのような反応をするのか、ということが専らの関心事となる。しかしその背後には、手紙を出せば収集車がやって来て本局に運び、そこで仕分けされて、配達される、という一連の人間行為の世界が広がっている。ポストに入れれば手紙は届く、という一つの自明な制度の背後で具体的な人間が動いているのである。「わたしがCさんに手紙を送る」という（わたしとCさんの）**相互作用の世界**、その世界を支える人間の具体的な振る舞い（この場合は、ポストからの回収から配達に至る一連の動き）とそれを規定する**制度の世界**が存在している。この**二重の視点**がまず何よりも、社会学の視点なのである。

2　制度の背後にある根本的要因

この二重の視点を押さえながら、社会事象の本質を見抜く視点について、具体的な問題で考えてみることにしよう。次の資料は、ある年の教育学部一年生向けの「現代社会論」講義のなかで、取り上げたレポート課題の事例である。

この資料では、著者の経験に基づいて50 mプールの利用における規制と自由の問題が論じられ、その枠内で分析が行なわれている。それはそれとしてよいのだが、わたしの問いはそもそも「**規制と自由**」の**対立**という問題が生じてくる根本的要因は何かを考えてみよう、ということである。以下に、学生から提出されたレポートの例を挙げて、それに対するわたしの注釈を若干述べておきたい。

■レポート課題

資料6・1は、ある経済学者が書いたエッセイの抜粋である。ここでは、**50 mプールの利用における規制と自由**の対立が取り上げられ、経済学的な分析が行なわれている。一読した感じでは、「なるほど」と思えるのだが、よく考えると、根本的な問題が抜け落ちているのではないかという気もする。〝プールの利用における規制と自由〟を規定する**根本的要因**に関する考察が欠けているのである。その根本的要因とはいったい何か？　できれば、経験に即して考えてみよう。

【学生のレポート例1】

私が子どもの頃も地元の市民プールによく通っていて、監視員の指示に従い、出たり入ったりを忠実に守っていた。子ども心に「市民プールはそういうものだ」と思っていたが、今になってよく考えてみると、あの一斉に取る休憩時間とは何なのか。疲れた人は勝手に休めば良いし、泳ぎたい人はそ

資料6.1　プールの利用における規制と自由

日本でプールに入ると必ず経験しなければならないのが監視システムである。いわゆる監視員という学生アルバイトらしき若者が、監視席の高いところから見張っている。そして同時に救命具を持って別の監視員がプールのまわりを巡回する。一時間ごとの安全の確認のためということで、遊泳しているものはプールから追い出され10分（場所によっては5分）休憩をとらされる。その間に監視員は上から眺めて確認するか、プールによっては監視員が飛び込んで水底を検査する。そして休憩時間も無駄にはせず、プールの使用規制について説明がマイクを通じてなされる。きわめつけは最後である。10分なりの休憩時間がすぎて、その後で笛の合図がある。そして笛の合図が終わるとともに再び入水してもよいとのお許しが出る。このプロセスが1時間ごとにくり返されるのが、平均的な日本のプールのスケジュールである。…［中略—引用者］…

海外はどうかというと、このような作法はない。人々は勝手にプールに入り、出てゆくだけのことで、監視員はいるが本気で見ているのかどうかわからない気がする。…［中略—引用者］…

プールについては、およそ安全の確認という目的のために、スウィマーの自由を奪うということが本来のあり方なのだろうか。たとえば子供プールならある程度、自由は束縛され安全が優先されるかもしれない。…［中略—引用者］…

かつてどのような例があるのか知らないが、事前的にルールを設計するとしたら、高い場所で、よく全体が見える所に監視員を配置すればそれで足りる。海外はすべてそのスタイルである。

（出典）南部鶴彦「『安全な社会』の経済的帰結」（1998: 6-7.）

のまま泳いでいれば良いのではないか、とあの時間の意味を疑問に思う。このシステムを不満に思っている人も多いのではないか。日本のプールをおもしろくするために、私は、監視員が指示しても誰も従わないという「ボイコット」的なことをすれば良いと考える。規制を緩めるのは難しいので、この「ボイコット」が全国に広まれば、そのうち規制も見直されるのではないだろうか。

いままで自明と思っていたことに疑問をもった、というところはよい。しかしそこから、なぜ規制が必要になったのか、というところには考えが及んでいない。「ボイコット」を全国に広める、という手法も現実的とはいい難い。

【学生のレポート例2】

プールに入る人々が監視員によって徹底的に監視され、あるいは笛によってプールから追いだす。完璧に監視員の言いなりに動いている気がするのは確かである。海外のプールでは実際日本のような監視がなされていないのが驚きであるが、本来そのようにあるべきなのだ。

日本のプールは、自分のプールで客が事故をおこしてしまったら大変だ、という気持ちとその裏に、自分の所の評判が落ちる、という不安も抱えていると思う。だからこそプールの利用者に対して、隅から隅までがっちり監視体制を固めているのだ。

しかしプールに入る入らないは本人の勝手である。さらにプールにくるのは娯楽が目的であって、わざわざ監視されるために行くのではない。そうであっては、みすみす飛び込んだりもできたものではない。自分の安全を守るのは結局は自分だけである。自分で責任をもって行動できなければ何にもならない。海外では自己責任あってのプールだということが皆分かっているのだろう。安全を傘にきた束縛が日本にはあるようだ。

監視する側の立場まで考察している点は評価できる。しかしその考察は一面的ではないのか。そのせいもあって、では理想的な監視システムはどのようにあるべきなのか、といった点に論述が及んでいない。「そうであっては、みすみす飛び込んだりもできたものではない」という部分は意味が通りにくい。それに、「飛び込み」は禁止にしておかないと、泳いでいる人にぶつかる危険性がある。とはいえ、最後の「自己責任あってのプール」という指摘は全くそのとおりだろう。

【学生のレポート例3】

自由と安全という二つの大きな要素のうちどちらを優先させるか、ということに対し、諸外国は「自由」に重点をおき、日本は「安全」に重点をおくという傾向がある。

ただし、諸外国が適度な安全性のもとに自由を優先させているのに対し、日本は過度に安全を優先させ、自由を多大に犠牲にしてしまっているという傾向にある。

たとえば年金に関する政策について言うと、アメリカなどは自己管理という意識が強く、各人が「自由」に、選択的に年金をためていくという政策がとられているのに対し、日本は政府が一括して「保障」するというのがあたりまえのようになっていて（もっとも、最近は４０１ｋ（確定拠出年金）制度の導入論が高まってきているが）各人は「安全」のために「自由」な使い方を「犠牲」にしているとも言えよう。
「安全」に重点をおきすぎるために実は「自由」を犠牲にし、結果として損をしてしまっていることもあるのである。

日本と諸外国を対比させ、プールの利用のあり方も結局は文化の違いだ、という趣旨の指摘である。確かにそういった側面のあることは否定できないが、「日本はこうで外国はこうだ」という一般論から説明する手法だけでは、提示した資料に内在して検討するという姿勢が不足しているようにも思える。

さまざまな解答のなかから、典型的な「分析」を三つ取り上げてみたが、率直にいって、出題者としてはいずれの解答にも不満が残った。否、提出されたすべての解答に「正解」と呼べるものはなかった、というのが実情である。

■レポートの解答例

では、わたしの用意した解答とは何か。
資料では、文脈から推測して、夏の暑い時期の日本のプールのことが話題になっている。おそらく屋外にあって、公営で、利用料金も安く、それがゆえに利用者がたくさん集まってくるようなプールである。わたしならば、このようなプールで自由に楽しく泳ごうなどとは初めから思わない。お客が多すぎて、所詮無理なのである。プールの管理者側からすれば、おそらく大勢の利用者を前にして、いかに秩序正しく泳がせるのかで手一杯なはずである。そこで利用規則は画一的になりがちである。管理者側からすれば、利用者一人一人のことなど考えてはいられない、多数の利用者をいかに捌くのかで精一杯である。

ところが、同じプールでも曜日や時間帯、それに天候などによって利用者には増減が出てくる。そして、利用者が少ないときには、画一的な利用規制を行なう必然性は薄れる。このあたりの管理手順が実際にどのようになっているのかは定かではないが、おそらく各プールの管理者の判断にゆだねられているのだろう。いずれにしても、利用者が数人しかいないときと、数十人あるいは百人単位の利用者がいるときとでは、利用規制のあり方は異なる。監視する立場からすれば、利用者が少ないときは一人一人に目が行き届き、画一的な規制はあまり必要ではない。つまり日本のプールにおいても、利用規則は規制と自由のあいだを微妙に揺れ動いていて、それを規定しているのは「利用者の人数」なのである。

わたしの用意した解答は、このように、プールの利用における自由と規制の対立を規定する根本的要因は、「**利用者の人数**」にある、ということだった。だがそれに気づいた学生はゼロであった。原因は、資料の著者の主張に共感するあまり、批判的に考えるという姿勢が希薄になってしまったこと、そして著者のいう「日本のプール」の事例に対する経験不足や観察不足にあるはずである。総じていえば、**相手の設定する土俵そのものをひっくり返そうという意気込み**がなければ、物事の本質はなかなかみえてこない、ということだろう。

ということで、この事例に関していえば、一見したところ日本のプールで一般的にみられる事細かな利用規制の背後には、利用者の人数変動がある、という二重の視点をもつことが、本質を見抜く社会学的思考なのであった。

3 社会現象の型と本質——河童伝説の謎解き

■河童伝説についてのレポート課題

ところで、本質をみつけだす、という社会学の視点には残された問題が一つある。それは**本質を形式の問題にとどめない**、ということである。社会学における一般化をめざそうとする傾向は、時に空虚な形式論に陥る。しかし形式を抽出しておしまい、では、実は何も論じたことにはならないのではないか（ジンメル流の社会学に対して「**形式社会学の不毛性**」という批判がある）。このあたりの事情について、具体的な資料で考えてみることにしたい。

以下は、かつて工学部の一年生を対象とした「心と行動と社会」という授業例である。このときは、前もって次に挙げる資料6・2を参加学生に配布し、共感した点や疑問に思った点をまとめておくように指示しておいた。この資料は拙著『金属伝説で日本を読む』（井上 2018）に収録した論稿のもとになった小論（井上 2002a）である。**河童の伝説**を素材にして、伝説で語られている内容の本質的な部分をどのようにつかめばよいのか、を主題にしている。同じ対象の分析や解釈をめぐって、対立する論点を取り上げて、それが学問（科学）の方法の違いに基づくものであることを確認し、その違いを乗り越える方策を提示している。

ここでは、この資料に基づいて提出された学生のレポートのなかから、前例と同様に、代表的なものを三つ選んで、引用しておきたい。各レポートにつづけて、わたしの注釈を付記する。

資料6・2　河童伝説の謎解き

河童渦巻き論

若尾五雄という在野の民俗学者がいた。本業は医師であるが、仕事のかたわら、民俗伝承に関して、特に物質とのかかわりから考察し、数々の論稿を発表した。その若尾に河童伝説の研究『河童の荒魂――河童は渦巻きである』（若尾 1989）がある。基本的な関心は、河童の本質を解明しようとするところにある。若尾は「今までの河童に関する一般の民俗研究は、あたかも河童の表面を撫でるが如く、形態上の分類ばかりに終始し、河童譚そのものの本質＝内容については論じておらぬ」という（若尾 1989: 61）。

では、若尾はどのように河童伝説の本質に迫っていくのだろうか。以下は、その方法論の実質についてのわたしなりの要約である。

若尾はまず、河童に尻子玉（肛門の蓋）を抜かれる、という伝説について、肛門の括約筋が緩んでぽっかりと穴の開いた状態のことを指すものと解釈し、それは水死者に典型的にみられるものだという。伝説によると、河童は特に川の淵に現れるが、そこは両岸の間に水がグルグルと回っている。そのような場所で子供が水遊びなどしていると、流れの勢いで溺れる危険性もある。それを戒めるために、「そんなところで泳いでいると、河童に尻子玉を抜かれるぞ」といったというのである。若尾はこのような解釈に基づいて、「河童とは淵に巻く渦そのものである」という命題を提示し、自然現象としての「渦」が擬人化されたものこそ河童である、という。そしてこれが、若尾の基本仮説である（若尾 1989: 6-9）。

若尾はここから、様々な河童伝説にみられる基本的な要素を取り出して、それを解釈してみせる。

河童の頭にある「皿」とは一体何か。皿とは、すなわち「渦」のことである（若尾 1989: 9）。河童はなぜ胡瓜を好むのか。胡瓜のなかには尻がねじれて渦巻き状になったものがあり（カッパキュウリ、といわれる）、それが渦としての河童につうじるからだ（若尾 1989: 98）。人間が水辺に連れて行った「馬」を河童が水の中に引き込むのはなぜか。馬とは「駒」で、「独楽」であり、回転するところが渦としての河童へとつうじるからである（若尾 1989: 141 ほか）。河童はなぜ金気を嫌うのか。川の渦巻きが流水中に含まれる金気を沈澱させるからである（若尾 1989: 229）。

以上にみられるように、河童伝説の基本的な構成要素はみな「渦」で解くことができる。よって、「河童とは淵に巻く渦そのものである」という基本命題は論証されたことになる。

型の理論

河童の本質は渦巻である、という若尾の結論について、わたし自身ただちに納得できるものではない。ただし、その方法的手順については示唆されるところがある。

若尾の手順を全体としてみると、河童伝説のなかから重要と判断される構成要素を抽出してきて、その構成要素間に共通する型を発見する、というものである。その意味で、若尾の方法は現象の背後にある基本的な「型」を発見する、あるいは直観的にみてとった「型」を様々な事例をつうじて検証する、というものである。このような方法論をもう少し大きな文脈のなかで、検討してみることにしよう。

池田清彦『構造主義科学論の冒険』（池田 1990）は、科学について次のように規定する。すなわち科学とは、まず、研究対象となる現象を構成する基本要素の抽出、確定であり、次に、その基本要素相互の関係性の解明である、と。池田によれば、科学とはこの二点に尽きるのである。

わたしはこの記述に出会ったとき、社会学の文脈でいえば、パーソンズの社会学こそ、このような科学論に基づくものに相違ないと確信したのであった。パーソンズは基本的には社会的行為の構成要素を抽出、確定し、そのうえで、それらの要素の結びつき方によって社会的行為理論を三つに類型化したのである。

この手順は池田清彦のいう構造主義科学論と同一の発想にたったものであり、また河童伝説を分析するうえで若尾五雄が採用した方法論とも同一といってよいのではないかと思われる。

本質への視点

だがそれにもかかわらず、若尾の河童論には相変わらず、違和感がつきまとう。その理由の一つは、本質論というときの本質の理解にかかわっているはずである。若尾の議論に基づいていえば、本質とは一定の「型」の抽出といってよい。パーソンズの場合もまたしかり。池田も同様。だが本質論とはそういうものなのだろうか。河童伝説が形成されるまさにそのときの現実性を探ること、それが本質論ではないのだろうか。若尾はいうかもしれない。「そうだ。まさにその通り。河童伝説を生むことになった現実性とはまさしくわたしのいうように、川の渦巻なのだ」と。

だがわたしにいわせれば、若尾のいう現実性は時間と空間を超越した自然科学的なものであり、社会科学の世界からみれば、超現実的なのである。そうではなくて、河童伝説が生み出された歴史的現実とは一体何であるのか。本質論とは時空を超えた「型」の問題ではなく、歴史的現実の解明なのではないか。だから、河童の本質論として本来第一に取り組むべきことは、河童伝説の原初の姿をそれが生み出された歴史の現実のなかから解明することにある、といわなければならない。

伝説における作為性

では、河童伝説の基本的な構成要素の形成を促していくことになった歴史的現実性とは、どのようなものなのだろうか。実は、この点を解明しようとした河童論が、沢史生の『闇の日本史――河童鎮魂』(沢 1987)である。沢の基本的な視点は次のようなものである。

河童は当初から河川や湖沼を栖み処としていたのではない。彼らは遠い昔、海の彼方からやってきて、わが国の開発に貢献したワダツミである。すなわち海霊・海神と崇められる倭人であった。だが、どうしたわけかワダツミは、その老若男女を問わず、海童と表現されるようになった。その海童たちを、ことさら「小童」と表記して、ワダツミと訓ませたのは、七二〇年に成立した『日本書紀』である(沢 1987: 3-4)。

河童とは、大和政権成立以前に存在していた倭の海人だというのである。彼らは原始的な製鉄民だった。それに対して、後発の製鉄民が大和政権の基礎をつくった、というわけである。服属させられた製鉄民は鉄を奪われて零落させられた。そして「小童」と呼ばれ、ここに今日伝えられる河童伝説の基本型が成立することになった。駒曳きをし、女陰を狙っていたずらし、尻子玉を抜く河童伝説の基本的な構成要素はいずれも、鉄を奪われた海人が「火処(製鉄炉)を奪わうと企んだものであった」(沢 1987: 103)。ここで、「駒曳き」の駒とは文字どおり馬のことであり、馬は「真処」(女陰)の騙《かた》り言を秘めている、というのが沢説である。また、河童と胡瓜との関係については、胡瓜がもともと「癩瓜」などと呼ばれ、穢れ性をもつものとして扱われてきたところから両者が結びつけられた、と解釈している(沢 1987: 106)。さらに、河童が金気を嫌うのはむしろ逆説的な言辞なのだ、というのが沢説である。

このように沢史生の解釈は伝説に込められた騙り言の世界を解き明かし、大和王権による先住製鉄民に対する支配という歴史的現実性を浮かび上がらせている。

型の理論と本質論をめぐって

共通の型にとどまることなく、またそれにこだわることなく、具体的な場、あるいは歴史的な場における河童伝説を、ある程度まで普遍的な観点から捉えなおすことが求められている。そこで、最後に一つの事例を分析してみることにしよう。山口県下関市の旧勝山村を流れる砂子多川に伝わる河童伝説である。


……ある夏の夕方、吾作さんが砂子多川で牛をあろうていると、いつもはおとなしい牛が、妙に落ち着きがない。目をキョロキョロうごかして、しっぽをふり、いっときもじっとしておらんそうな。

「こりゃ、どねえしたか。おかしいど、おまえは」

吾作さんが、牛のしっぽの方へまわってみると、なんと、牛の尻にエンコウがぴたっとひっついておる。

「しもうた、鋤金をあてることを忘れておった」

エンコウのきらうものは、お仏飯と金物じゃった。こどもが川へいくときは、「エンコウに、しりこだまぬかれるな」というて、お仏飯を食べさせたし、牛や馬を川へつれていくときには、尻に鋤金をあててつれていったもんじゃ。吾作さんは、そうっと牛の尻にちかづいて、エンコウの首すじを、ぐいとつかんだ。

「この、くそたれが」

あばれるエンコウをこわきにかかえて、頭の皿の水をかき出した。頭の皿の水がのうなったエンコウは、だんだん力がのうなって、ぐったりしてきた。

吾作さんは、しめたとばかり、エンコウの手足を縄でしばり、納屋へとじこめた。

しばらくすると納屋の中から、

「水をくれ、水をくれ……。苦しいて死にそうじゃあ。二度と悪さをせんけい、たすけてくれえ」と、エンコウのしわがれた声がきこえてきた。

吾作さんは、そろそろ、たすけちゃろうとおもうとったけ、だいぶこりたようじゃと、納屋へはいっていった。

「よしかんべんしちゃろ。そのかわり、わしの田んぼの草をとってくれえ」

と、エンコウにいいつけた。

手足の縄をほどき、頭の皿に水をいれてやると、エンコウは、たちまち元気になった。

吾作さんは、エンコウの首に、縄をむすびかえて、田んぼへつれていった。縄の端をにぎって、畦の上でエンコウの田の草取りを見張っていると、なんと、そのはやいことはやいこと。吾作さんが、一日かかってもとりきれんほどの田の草を、みるまにとってしもうた。吾作さんは、たいそうよろこんで、エンコウの縄をといてやると、どこからか大きな石をかついできた。

「いままでは、人間や牛や馬に悪さをしておったが、これからは、この石が土になるまで、エンコウ一族は、けっして悪さをいたしません」と、いうて、それきり、勝山の沼や池や川にエンコウがでてこんようになったそうな。

ふしぎなことに、エンコウが草とりをしてくれた田んぼには、二度と草がはえてこんじゃったと（黒瀬監修 1989: 10-11）。


河童のことを中国地方ではエンコウ（猿猴）ということが多い。否、正確にはエンコウと「猿」のイメージで語られてきたものが全国規模では河童へと統一されていった、ということである。

伝説の内容をときほぐしながら、沢説を確認していくことにしよう。まず、「金物を嫌う」というのは先住製鉄民の屈服を象徴的にいい表すものだろう。また「お仏飯を嫌う」というのは、仏教に帰依しない彼らの素性をいい表していると受け止めることができる。石をもってきて「この石が土になるまで……」というのも、鉄を奪われて石の文化に逆戻りした彼らの誓いの言葉なのだ。さらに「田んぼの草取り」も奴隷的存在へと貶められて強制労働をさせられている姿の表現にほかならない（ただし、ここで田んぼの草とりとは、産鉄場において砂鉄あるいは砂金を採取する行為を指すものだろう。また、二度と草がはえてこない田んぼとは、金属資源採取後の荒れ地で、農作物の栽培には不向きになった土地を指しているのではないかと考えられる）。

以上のように、型の理論から導かれてくる論点を改めて具体的な場に即して検討することによって、河童伝説の始原の姿を見通していくことは十分に可能なのである。

型の理論の突破

具体的な事象から型を抽出することは、一般化することによって具体的なものだけからはみえてこないものをみる、という意義をもっている。だが型の抽出にとどまっていると、みえていたものがみえなくなる、という逆の場合も考えられる。

そうではなくて、型から具体性へ、それも根源にある具体性を見抜いていくことが本来的な課題というべきである。この根源性、すなわち伝説という「騙りごと」の世界の原初にある歴史的現実の解明こそ、民俗探求の究極の目的なのである。

わたしは基本的な型を抽出しようとする型の理論とは異なる本質論について、およそこのように捉えている。ここでいう本質とは根源にある歴史の現実であり、そのような現実は一定の社会関係が反映したものである（あるいはより広く、対自然および人間相互の関係の反映、といってもよい）。ここに、騙られた伝説の表層を抉り分け、また伝説の構成要素から抽出された基本型をも突き抜けていくような民俗事象を対象とする社会学が成立する可能性がある。それは、河童論にかかわる若尾と沢のそれぞれの視点を統合するものといってよいはずである。

（出典）井上孝夫『金属伝説で日本を読む』（2018: 20-35）からの抜粋、文章は一部変更した

【学生のレポート例1】

今回この事前資料を読んで共感できた点をあげると、河童の本質はそれが生み出された歴史の現実のなかから解明するものであるという所である。これまでこの社会学というものに触れたことのない（なんらかの形では触れたことがあるかもしれないが、直に学ぶという形ではないため）僕にとって、こういう内容の文章は初めてであり、専門の書籍に書いてある内容ならば、うたがいもせず、納得してしまうことも多いというのが実際です。しかし、上にあげた所についてはこのような納得のしかたとは違うところがあった。

僕は普段、数学、物理といった教科になじんでいるせいか、どうしても若尾氏の河童論のような時間と空間を越えた絶対的なものを求めがちであり、上のような歴史という時間と空間をふまえた考え方はあまりなかった。しかし、考えてみれば、この世界の事象はそれのおかれた環境によってその意義が決められる所が大きい。それを思えば、社会学がそれのおかれている環境をふまえたうえで、その意義、本質というものを論じていくのはごく自然である。本文中の、科学的でありなおかつそれが超現実的な普遍性をもった単なる理論なのではなく、歴史的現実をふまえたものを考えなければならないという所も特別なことではなく、とても自然なことなのだと思える。こういった点が実に共感へとつながる所である。

また一方で、疑問というか謎な部分もある。それは、伝説の解釈が実に強引に思える所である。例えば、若尾氏の「河童とは渦巻きである」という理論の中での「皿」すなわち「渦」だとか、河童が胡瓜を好むのはカッパキュウリの渦状の部分が渦につうじるからだとか、さらに「馬」→「駒」→

「独楽」という流れの部分がそうである。はっきりいって、無理やりこじつけたようにしか思えない。このような理論の理由づけはよくみられることなのであろうか。河童のような伝説は時間とともに変化しているだろうから、理由を説明できないような所があってもおかしくないと思うのだが、やはり理由づけは必要なことなのか、実に不思議に感じる所である。

この文章には若干意味不明瞭な箇所も含まれているが、内容的にはみるべきものがある。それは若尾の河童論への批判をつうじて、**環境や歴史的現実を踏まえるという、自然科学と社会科学の根本にある違い**をはっきりと指摘している点である。そのうえで、若尾の河童論にみられるある種の強引さについても率直に反応している。

この学生はいままで、教科書の類の書物しか読んでいなかったのだろう。だから他人の説に対して検討を加え、批判し、別の説を提示しているような文章を読んでびっくりしているのである。この驚きを今後も、さまざまなテキストを読む際にもちつづけてほしいと思う。そこから新たな発見が得られることもあるからである。

【学生のレポート例2】

まず、河童論を読み進める中でわたしが率直に感じたことは、「何の予備知識もないわたしにとって、沢氏の論の方が若尾氏のそれよりもはるかに受け入れやすく、納得できるものだった」ということである。池田氏は「科学とは、まず、研究対象となる現象を構成する基本要素の抽出、確定であり、次に、その基本要素相互の関係性の解明である」と定義しているが、この科学的な考察というものにおいて重要なことの一つに〝第三者が筋道立てて理解できるか〟ということが考えられないだろうか。この若尾氏の論が一般的でなく納得しにくいものであるという点、抜粋のため、論の支えとなる文が少ないなどの点を考慮しても、多少強引すぎるのでは、という印象を当初、わたしは抱いた。

しかし若尾氏の、型の抽出のみならず、それをもう一度具体的な場へと回帰させていく方法は、非常にすばらしいものだと素人のわたしでも感じた。そう、つまり、多少強引に見えたとしても、それらを一つの式(ここでは、河童＝渦)で表すことができたこと自体を、わたしは注意深く観察し、感心するべきではなかったのか、と。より一般的な証拠というか事例が存在し、発見されていれば、だれもが納得するのかもしれないが、それならばだれかが論を発表しているはずだ。やはり、具体化して再構築した方程式を土台がしっかりとしていない中、ただひとりでつくりあげたことこそが、歴史観の不足をも補ってしまう、秀でた論と認められる理由だとわたしは最後まで資料を読んでみて考え直し、感心した。(中略─引用者)

最後に、若尾氏と沢氏、二人の説を知った後の『エンコウ伝説修正解釈』を読んで。この説ははじめて聞いたものであるが、非常に説得力があって、読んだ人を唸らせる、魅力的な説だと思う。わたしにとっては少し難しい話だったけれども、二人の視点を実際に見せ、〝それぞれの視点を統合したものといえる民俗社会学の成立〟の可能性を提示してあったことは、この分野の世界にはじめて出会うものとして、とてもよかったと思っている。

科学（学問）とは一定の手続きなのである、というのが池田説の要点である。だから手続きさえふめば、それで科学（学問）を主張できるのである。しかしそれだけでいいのか？　と、この学生はその先を考えている。そうだ、他者への説得力なのだ、と気づいた。そして気づいたところで、逆に若尾論の偉大さを再発見している。おそらくそのとき、学問の深奥が垣間みえたに違いない。

【学生のレポート例3】

僕は沢氏について述べられている「伝説は『騙られる』ものであり、支配—被支配の社会関係と無関係ではあり得ない」ということは、まさにその通りだと思う。伝説などは発生したときの社会状況が映し出されていると思うし、そこに生きた人々の憎しみや恨みが含まれていると思う。だから河童伝説の基本的な構成要素はいずれも鉄を奪われた海人が製鉄炉を奪おうとして企んだものであったなどという考えには興味をもった。

しかし、本文では沢氏とは全く異質の世界だと述べられている若尾民俗学も非常におもしろいと思った。河童伝説を自然界で起こる事象にあてはめ、「河童とは渕に巻く渦そのものである」と結論づけたことにおもしろみがあった。しかもただ思いつきで言っているのではなく、しっかりと調査、分析をしているというので、本気で解明しようとしているのがわかり、さらにおもしろみが増しているのだと思う。

そして、どうして伝説や言い伝えを科学で解明しようとするのか不思議に思う。確かに筆者の言う通り、若尾氏の方法論はより広い学問の領域に照らしてみれば一定の普遍性をもっているのかもしれないが、観念的要因の多様性を認め、歴史的現実の解明である本質論の方向へ問題意識をもっていったら、さらにおもしろい結論が出たかもしれないのにと思う。だが科学にこだわったからこそ、特異でおもしろい彼の世界が広がっているのかもしれない。

最後の「学問は既存の学説とのかかわりのうえに展開されていくものである」ということに共感した。学問は誰かの学説の真偽を確かめたり、さらなる追究を誰かがすることで発展すると思う。

この学生もまた、沢説の説得力と若尾説の科学としての魅力に捨て難いおもしろさを見出している。だが若尾の方法論に対しての「どうして伝説や言い伝えを科学で解明しようとするのか不思議に思う」という一文は、対象に応じて方法が決まる、という点を示唆しているかのようで、大変興味深い指摘である。

ここに取り上げたレポートを読むと、資料を十分に読みこなし、そのうえで、伝説の分析という枠内で、**科学とは何か**、という根源的な問題を自分なりに考えていることがわかる。

これらのレポートをつうじて示唆されていることは、**科学とはまず一定の手続き**であり、その手続きによって得られた結論（**現象の本質論**）**の妥当性は**とりあえずのところ、**他者に対する説得力によって決まる**、ということである。これはいったい何か？　**ウェーバーのいう「理念型」の方法論**そのものではないか。こちらで提示した素材と自分なりに格闘した結果、彼らはウェーバーの社会科学方法論のレヴェルに到達したのである。そのことをはっきりと自覚するためにはこちらの「まとめ」が必要であるし、ウェーバーの原典（「社会科学および社会政策における『認識』の客観性」）を読んでみたり、さらには、内田義彦『読書と社会科学』（1985）や丸谷才一『思考のレッスン』（1999）などの方法論にも触れてみたりする必要はあるだろう。だがここまで来れば、それはすでに予定された段階なのである。

■型と本質　論点のまとめ

以上の論点を簡単にまとめておくことにしたい。

まず、若尾五雄の河童論は社会現象の背後にある基本的な、あるいは直観的にみつけだした「型」を発見するという方法に基づいている。そこにあるのは、さまざまな**事例から共通項を発見**しようとすることである。河童伝説に関して、この方法から導かれる結論は、「**河童の本質は渦巻である**」ということになる。

次に、池田清彦によれば、科学とは、対象を構成する基本要素を抽出し、その基本要素相互の関係性を解明することであり、これを「**構造主義科学論**」と呼んだ。池田の発想の根底には、従来の科学が追究してきた「**普遍の法則**」の**発見**という課題から転換しようとする意図がある。

それに対して、沢史生は河童伝説の始原に、大和王権が先住製鉄民を支配するという**歴史的現実**を探究しようとした。始原とは伝説がまさしく生まれたその時と現場を解き明かすことだったわけで、自然科学的な普遍性は最初から設定外である。

では、パーソンズの社会学はどうか。パーソンズは社会的行為の構成要素を抽出、確定し、そのうえで、それらの要素の結びつき方によって、社会的行為理論を三つに類型化した（理想主義的行為理論、実証主義的行為理論、主意主義的行為理論）。それは若尾の方法論や池田の科学論を先取りしている、とみることができる。

この資料で扱った議論をふまえていえば、**河童伝説が生み出された歴史的現実を探ることが**河童伝説の本質論となる。時空を超えた「型」（形式のレヴェル）ではなく、**歴史的現実**（内容のレヴェル）を解明して、**社会現象の本質に迫る**ことが社会学の独自性であり、**社会科学の諸学を総合し、かつ社会科学の基礎になる**ということである。

■本質をめぐる残された問題

形式ではなく内容の次元での本質論という場合、そこからさらに発展させて、さまざまな社会現象にはある程度まで**共通する本質論**が存在するのではないか。これが残された問題である。

この問題は、わたしのいう主意主義的社会理論の「**主意性**」とかかわっているはずである。すなわち、それは個人の自由や欲望による利己的行為、すなわちエゴイズムの問題、それも社会関係のなかにおけるエゴイズムの問題であり、「社会」の全体の見取り図のなかでいえば「経済」の領域と密接不可分に論じられるべき事柄である。だがそれは現段階ではあくまでも**経験と観察に基づく仮説**として提示されるべきものであり、本質論としていきなり演繹的に提起すべきものではない。

とはいえ、ここで取り上げた二つの課題とも、**経済問題**とのかかわりで分析することは可能であり、そのことで説得力は増大する。

最初のプールの事例では、利用者数に本質的な問題があった。これは別の観点からみれば、プールを利用者が自由に泳ぐための施設と明確に位置づければ、その条件を満たすために、人数制限をしようという発想が生まれるはずだ。しかしそういった発想をできる限り避けようとするのはなぜなのか。その理由を問い詰めていけば、プールの営業上の利益という経済問題とかかわるのは自明である。つまり人数問題を根底で規定するのはこの経済問題であり、それを前提にプールでは利用規制が行なわれるのである。

資料の河童伝説の分析では、鉄という資源をめぐる経済問題がもっと露骨に示されている、ということができる。もちろんそれは、製鉄の技術力やその違いに基づく権力関係の問題とも密接につながっている。二つの事例ではあるが、ここには経済の観点を含みに入れた分析の重要性が示唆されているはずである。

4　資本制社会の社会学

■資本と労働

ところでわれわれが生きている当該社会は資本制社会であり、その根源、本質に迫る、つまり**全体社会の構造と変動**という問題もまた、社会学的課題となる。否、正確にいえば、これこそが総合性を標榜する社会学の中心的な問題というべきである。

ここでも経済を第一に捉えれば、人間行為の具体的中身としては、労働が問題になる。そして相互作用はさしあたり、労働生産物の商品としての交換としておこう。この商品交換の体系は社会的分業の存在形態に対応する。**社会的行為―社会構造―社会変動**という一般的な枠組みは、資本制社会を対象とすれば、**労働―社会的分業―所有形態の変動**の問題として再設定できる。その基本的な視点は次のようなところにある。

（1）経済に第一義的な重要性をおいているが、議論は経済領域に限定されるわけではない。**経済から全体社会をみる**、という視点が重要である。

（2）資本制社会は**資本―賃労働関係**を基本としているが、労働の生産力は**資本の生産力**として発現する。

（3）したがって、**社会変動**とは**資本の運動**によって引き起こされるものであり、社会変動の推進主体は資本である。そして資本の運動とは、蓄積のための蓄積を自己目的としている。

（4）ここから、**社会変動とは資本**（資本A）**による資本**（資本B）**の変革**である、ということができる。資本Aとは、自己増殖をめざす主体としての資本であり、資本Bとは関係としての資本、すなわち**資本―賃労働関係**を指す。

（5）一定の代議制民主制度が確立している**市民社会**における社会変動を考える場合、もっぱら資本の自然成長的な過程が問題となる。

（6）資本の自然成長的な過程のなかで、**社会的分業**や**所有形態**がどのような変化を遂げるのか、それを見通すことが社会変動理論の基礎的な部分であり、資本の自然成長的な過程が経済以外の領域でどのような作用を引き起こし、それに対していかに対応するのか、という問題が出てくる。それは応用的な領域を形成する。

■資本の立場から見た資本制社会

以上のような特質をまず、従来「**マルクス主義社会学**」と呼ばれていた流派の議論と比較して際だたせておきたい。マルクス主義社会学を標榜した研究はこれまでにも数多くあったが、それらはおおむねマルクスの初期の著作から晩年の『資本論』までを都合よく、つまみ食い的に引用し、時にはエンゲルスやレーニンまでも雑多に引用して利用していた。そこには党派性も絡んでいて、時にはあたかも宗教的教義をめぐる解釈論争に陥っていた感もあった。もちろん「マルクス・ルネサンス」と呼ばれる原典回帰の流れもあったが、その成果がマルクス主義社会学に十分受け継がれたのかは疑問である。

その点を踏まえて、マルクス主義社会学という用語法を使わずに、**資本制社会の社会学**とする含意は次のようになる。

(1) マルクスの膨大な著作のなかから、資本制を分析した『**資本論**』を中心に扱う。

(2) 『資本論』は経済学ではない。マルクス自らが**経済学批判**としているように、それは経済学の外部に位置する。その意味では、一つの社会学である。

(3) 『資本論』は**資本制社会の構造と変動**を描いている。したがって、今日の社会の変動理論にとって基礎的な位置を占めている。

(4) 『資本論』という書名における「資本」の意味とは、**資本制社会の変動を促す主体が資本であること**による。したがって、『資本論』に依拠するのであれば、資本の立場から議論をすすめていく必要がある。つまり、「資本主義者」になることが必要である。

この最後の点(4)について、若干補足しておきたい。資本主義者の立場からマルクスを論じた人は少数ながらいる。ここではただちに思い浮かぶ二人について若干触れておく。

その一人は**広西元信**である（たとえば、広西『資本論の誤訳』［1966］2002）。この人は右翼思想家とされる。しかし資本の論理から『資本論』を読んでいる。そして内在的に問題点を指摘できている。さらに、『資本論』の枠組みによって現代日本社会を分析し、体制原理としての所有形態からみたとき、日本社会は古典的な資本制社会を超え出てすすんでいる、と分析するのである。

もう一人は**青木雄二**である（たとえば、『青木雄二のナニワ資本論』2001）。この人は『ナニワ金融道』の作者であり、現実の資本制経済を経験的に熟知している。だがマルクスを礼賛するがゆえに、左翼思想家ともみられており、自宅に右翼が押し寄せて来たこともあった。だが青木は資本の論理の徹底を標榜し、中途半端な慰撫策に反対しているのである。なぜ資本の論理なのかといえば、それを徹底させることで資本制経済が破綻することを見抜いているからだった。青木自身が投資家であり、その意味で資本主義者だったが、その青木が資本の論理の徹底をいうとき、それは他方で自らの没落過程を予期していたに相違ないのである。

■資本制社会の動態を見極める

以上を確認して、ここでもう一度、社会変動の基本的な枠組みに戻ることにしよう。社会的行為・相互作用—社会構造—社会変動に対して、労働—社会的分業構造—体制原理としての所有形態と構造の変動、というのが資本制社会の社会学の基本的な枠組みであった。この枠組みはどれほど意識されたかどうかは別として、従来のマルクス主義社会学のなかでも一応は形成されていた。たとえば、**北川隆吉編『労働社会学入門』**がある。ここで北川は序章（北川 1965）を書いているだけだが、編著全体の構成は、労働のみならず労働の具体的な場である地域社会や社会体制に及んでいる。つまり北川の労働社会学は、単に労働を取り上げるだけではなく、全体社会に至る枠組みとして構想されていたことになる。

『労働社会学入門』の一年前に刊行された濱島朗編『現代社会学講座1　体制の社会学』（濱島編 1964）も、こうした視点をはっきりともっている。そして十年後にそれをさらに発展させようとしたのが、**濱島朗編『社会学講座2　社会学理論』**（1975）だったと思われる。ここで濱島朗は「産業化と階級・階層問題」（濱島 1975b）を書き、社会構造論の領域に焦点を当てた。そして社会構造と社会体制の相互連関を、平野秀秋にゆだねたのだった。それが平野「分業と社会体制」（平野 1975）なのだが、そこではパーソンズの社会システム論が基礎になっているがゆえに、明らかに異質な内容になっている。編者濱島は平野の担当部分について、「この章は社会体制論であるよりも、むしろ社会システム論の見地から両体制の接近または収斂の傾向を考察した」（濱島 1975a: 8）とし、編著全体についても「不協和音を奏でるかにみえる面がないでもない」（濱島 1975a: 8）と書かざるを得なかったのである。

平野の「分業と社会体制」（1975）はその後の研究史の展開を考えるとき、ある意味で象徴的な位置を占めるところとなった。というのは、その後の社会体制論は体制原理としての**所有形態**という視点をないがしろにして、**工業化**、**産業化**（Industrialization）の問題にすり替えてしまったからである。こうした視点に基づく議論は「**現代社会論**」に属するものであり、突き詰めていえば、フロム、リースマンなどの**大衆社会論**の発展形態といってもいいような議論である。すでに北川はこの種の議論について、大衆社会論的な特性の規定要因と被規定要因が明らかにされていない、と指摘していたのであった（北川 1965: 3）。つまり、大衆社会論の流れをくむ現代社会論は、**経済を独立変数として採らずに、すべての要因を相対化**してしまったのである。結局、一九八〇年代において、所有を基本的な視点とする社会体制論は経済学の領域で論じられることになった、といっても過言ではないだろう。**奥村宏**『法人資本主義の構造』（[1975] 2005）、**西山忠範**『支配構造論』（1980）、**北原勇**『現代資本主義における所有と決定』（1984）などがその代表的な研究である。

資本制社会の社会学は、現実の社会変動に追いつくことができずに停滞している。バブル経済の破綻後の株式制度の変更、金融資本の展開、情報化の進展、さらには社会政策によって抑制されてきた「貧困、抑圧、隷属、堕落、搾取」の増大化など、二一**世紀の資本制社会の動態を見極める**ための分析枠組みを再構築する必要がある。

5　社会の総体を把握する社会学

冒頭で「社会学は総合的な学問であると同時に、基礎的な学問でもある」と述べたが、この「基礎的な学問としての社会学」は「**社会現象の本質を見抜く**」社会学につうじている。このような社会学にとって重要なのは、既存の社会学的知識を覚えることよりも、むしろ**社会現象の見方を学ぶ**ことである。

それはたとえば、自明と思われている事柄に疑問をもったり、その背景を探ってみたり、相対化してみたり、あるいは歴史的な形成過程を考えてみたりすることである。このようにして自明の事柄に揺さぶりをかけると、次第に事の本質がみえてくるのである。ここで必要なのは**知識より思考力**であり、思考の過程で切実に必要と感じられたときに、知識はいわばあとからついてきてくれるのである。

このような社会学は、環境社会学者**大井紘**のいう「**環境リベラルアーツ**」につうじるものがあるはずである（大井2002）。大井のいうリベラルアーツとは「多様な局面において適用できて有効性を発揮すると思われる基本的な智の体系」といった意味をもち、それは次のようなものではない、という。

(1) 専門教育のための準備教育ではない
(2) 人格陶冶、人格教育ではない
(3) いろいろな学問の知識を、社会に出てそれで何をするという思案や目的を排除しつつ、学術の振興と普及のために、文化の高揚のために、授けるあるいは学ぶことではない
(4) 諸学の入門コースを教えること、学ぶことではない
(5) 環境にかかわる多様なトピックスを教えることではない

そのうえで、「環境リベラルアーツとは、太平洋戦争後の我が国の新学制にあった、建前として、あるいは実態としての旧教養課程とは無縁のものだ」ともいう。このような性格をもったリベラルアーツはこれまでほとんど軽視されるか、あるいは考えも及ばないものだったのではないか。というのも、こ

れまで教育といえば、知識、情報の注入にあまりにも心を奪われてきたからである。

　ところが頭のなかに蓄えた知識や情報は本来、使ってみなければ蓄えただけの意味をもたない。使われずに死蔵され、やがては記憶のなかから消え去る知識はいわば「**疎外された知識**」である。**知識、情報の注入を主体とした教育は、この「疎外された知識」を大量生産してきた**のである。それに対して、具体的な問題や事例の背景にある**本質を解く、という社会学的な思考過程**で、その種の知識、情報を活用していく機会をもつことは可能である。そうすることによって、それまでの知識の不足に気がつき、足りないものを増やしていこうとする動機づけも生まれるだろうし、「知識、情報の単純再生産」ではない、**創造としての学問的営為**も生まれるのである。

　だがそれだけではまだ不十分である。**社会の総体を把握**しようとする意思をもたなければ、自分のいる時間的、空間的な位置すらも理解できないからである。いま生きている社会は一定の環境のなかで歴史的に形成されてきたから、その基本的な経過を踏まえて、**将来を予見**する必要がある。その意味で、社会変動の領域は必要不可欠な位置を占めるといわなければならない。「(未来を)予見するために(現実を)みる」のである。

第7章　大学生の最終関門——卒業試験と卒業論文

大学は学問の場である。学問に終わりはない。よって大学には卒業というものはない。かつてこういった論理で卒業式を止めた大学があったそうである。今日、同じことをすれば、「ガウンが着られない！」、「袴がはけない！」と猛抗議が来るだろうか。

それはともかく、四年分の授業料を払って規定の単位を修得すれば、「はい、さようなら」と大学を卒業することになるのである。だが、門を出るにあたっては、卒業論文を書く必要があるし、その前には（ここでは架空だが）卒業試験に合格して頭を鍛えた証拠を示さなければならない。

1　架空の卒業試験

まず、卒業試験である。ここでは、入門から四年近くが経過して、どれほど頭が鍛えられたのか、そ

表7.1　卒業試験の問題

問題1　地球温暖化という未来予測

(1) 小中高校の教科書では、地球温暖化はどのように記述されているのだろうか
(2) 地球温暖化論が盛んに議論されるようになった背景には何があるのだろうか
(3) 地球温暖化の原因として、どのような要因が考えられるのだろうか
(4) 地球温暖化は一方的に進行するという考え方に、どの程度の妥当性があるのだろうか

の成果を披露することになる。

そこで大井紘の「環境リベラルアーツ」(2002)の指摘を受けて、社会学においても環境と社会が交差するような領域で、少しは頭を使う問題を設定してみた。全部で10問、架空の卒業試験のつもりで挑んでほしい。文字数は設定せず、自由とする。

[問題1] 地球温暖化という未来予測

人間のさまざまな活動によって発生した炭酸ガスが主要な原因となって地球が温暖化している、という議論がある。そしてまた、地球温暖化を防止するためには、炭酸ガスの排出を抑制しなければならない、ともいう。

では、炭酸ガスの排出を抑制するとはどのようなことを意味しているのだろうか。地球温暖化について、多面的に捉えつつ、炭酸ガス排出抑制論の妥当性を考えてみよう。

[問題2] 環境破壊と人類の滅亡

環境破壊によって、あと百年で人類は滅亡する、という議論がある。これは一種の未来予測であり、予言である。この種の議論を人々が信

表7.1　問題2　環境破壊と人類の滅亡

(1) 人類の終末時計について調べてみよう
(2)「ノストラダムスの大予言」とは何だろうか
(3) 予言は本当に実現してしまうのだろうか
(4) 予言を信じる心理状態とはどのようなものだろうか

問題3　南北問題と環境破壊

(1) 輸入されているエビやバナナの価格を調べてみよう
(2) そもそも、二国間の貿易はどのようなかたちで成立するのだろうか
(3) 日本人がエビやバナナを食べなければ、問題は解決するのだろうか

問題4　みんなのものを守る法

(1) 海にいる魚
(2) 川を流れる水
(3) 空気

用するのはどのような場合だろうか。たとえば、「ノストラダムスの大予言」の事例などを考慮に入れて考えてみよう。

［問題3］南北問題と環境破壊

エビやバナナが東南アジアの国々から輸入されている。熱帯林を切り開いて、エビの養殖池やバナナ園がつくられており、結局、エビやバナナが森を破壊しているというのである。

この種の議論は果たしてどの程度の妥当性をもっているのだろうか。

［問題4］みんなのものを守る法

環境は「みんなのもの」といわれる場合がある。だが、「みんなのもの」は「だれのものでもない」。つまり、だれかが勝手に手を出すことができないようなものである。では、どのようにすれば「みんなのもの」を守ることができるだろうか。表に挙げる

表7.1　問題5　ゴミ出しのルールを守らない人への対処法

(1) あなたが住んでいる地域のゴミ出しのルールはどのようなものか調べてみよう
(2) ゴミ出しのルールを守らない人の特徴として、どのようなことが考えられるだろうか
(3) ゴミ出しのルールを徹底化させるために有効な方策にはどのようなものが考えられるだろうか

問題6　住民運動とパターナリズム

レスター・サラモンの挙げるヴォランティアの失敗
(1) 必要な資源の全般的な不足
(2) 必要とされる部門に資源が十分に届かない
(3) 慈恵主義的なパターナリズム
(4) アマチュア主義

三種類の「みんなのもの」を守る方法を考えてみよう。

［問題5］ゴミ出しのルールを守らない人への対処法

ある地域のゴミ集積場では「可燃ゴミ」「不燃ゴミ」に分けて、それぞれ定められた曜日に収集車が回収していく。ところが、ゴミの分別をきちんとしない人や定められた曜日以外にゴミを出す人がいるため、集積場はゴミが散乱していることが多い。このような場合、どのような対処法が有効だろうか。

［問題6］住民運動とパターナリズム

道路の建設計画をめぐって行政側と住民側の対立が起こった。行政側は将来の交通量の増大を見越して道路の新設が必要だといい、住民側は騒音、大気汚染、振動、交通事故など生活環境が悪くなると主張した。だが、道路建設をめぐる住民運動はいま一歩盛り上がりに欠けた。

このような場合、できるだけ多くの住民に参加してもらえるような住民運動にするにはどのようにしたらよい

だろうか。ちなみに、NPO活動の研究者でもあるレスター・サラモンは「ヴォランティアの失敗」として、表の四点を挙げているので、それを手がかりに考えてみよう。

〔問題7〕環境保全と欲望の抑制の意味

環境を守るためには欲望を抑える必要がある、といわれることがある。この場合、欲望の中身を限定しておかないと意味がない（たとえば、森林を守りたいというのも欲望の一つである）。環境を守るための欲望の抑制について、資料7・1の文章のつづきを想像して書きながら考えてみよう。

資料7・1　環境を守るための欲望の抑制

コーヒーをいかがですか、と勧めると、老村長はカップをのぞき込み、香りをかいだあとで、首を横に振った。深いしわが刻まれた顔のなかで、目だけが陶然としていた。

二日目の早朝、また私はコーヒーを勧めた。老人は「いらん」と言い、カップに口をつけた私に「そいつは、ほんとうにうまいのか」とたずねた。

もちろん私は「おいしいですよ」と答え、もう一度勧めたが、彼は受け取らなかった。

三日目も四日目も同じことがつづいた。老村長はけっしてコーヒーを飲もうとしなかった。私もむきになったが、彼もがんこだった。

私はタイ北部の山奥にいた。トラックで一日走り、さらに十数時間、尾根やジャングルを歩いてたどり着いた山岳民族の小さな村。急な斜面に三十ばかりの高床式の家が散らばっている。家の下にはゾウやブタがいた。泊めてもらったのは村長の家だった。

夜が明けると、そまつな板戸のすき間から青白い光が差し込んでくる。遠くの山々はもやにかすみ、小さな村は小鳥たちのさえずりでいっぱいになる。

そんな気配を感じながら、薄暗い家のなかで、老村長と私はコーヒーをはさんでにらみ合っている。熱いカップからたちのぼる湯気と香りが、二人のあいだでとまどったように広がっていく……。〔中略─引用者〕

私は山奥に向かうリュックのなかに、干し魚や乾パンや薬などといっしょにコーヒーを入れていった。

朝、子供たちが谷間に降りていき、わき水を竹筒に入れて運んでくる。それを沸かし、コーヒーを入れると、村の若者たちが寄ってきて、物珍しそうにのぞいた。私は彼らにふるまい、村長にも勧めた。泊めてもらったせめてものお礼のつもりであった。

しかし、老村長は首を横に振るばかりだった。五日目の朝、とうとう私は、なぜ、と聞いた。

（出典）吉岡忍「コーヒー」より抜粋

〔問題8〕欲望を捨てる利他主義

宮沢賢治の「雨ニモマケズ」の詩にはモデルがいる、ともいわれ、斎藤宗次郎について次のような指摘がある（資料7・2）。

欲望の抑制を無駄な消費をしないという観点から考えてみると、「雨ニモマケズ」の詩は一つの理想的人間像を描いているかにみえる。この詩の内容は、どの程度の現実的妥当性をもつと考えられるだろうか（資料7・3）。

資料7・2　欲望を捨てる利他主義

花巻を去って東京へ移るまでの一七年間、斎藤は毎日何回も花巻の町を疾駆し、一日に四〇キロに及ぶことさえあった。宮沢賢治の『雨ニモマケズ　風ニモマケズ　雪ニモ夏ノ暑サニモマケヌ　丈夫ナカラダヲ持チ……』のモデルであると言われるように、風の日も、雨の日も、雪の日も、重い新聞を背負って、戸毎に配達しながら走り、十歩行っては感謝し、十歩進んでは賛美し、木の下や小川のほとりにたたずんで祈りを捧げる彼の姿は、まことに気高いとも、勇壮とも、悲壮とも形容の言葉がなかった。彼の重い結核もこの斎藤には恐れをなしたか、いつかおさまってしまった。

（出典）山本泰次郎『内村鑑三とひとりの弟子――斉藤宗次郎あての書簡による』（1981: 238）

資料7・3　宮沢賢治　雨ニモマケズ

雨ニモマケズ　風ニモマケズ　雪ニモ夏ノ暑サニモマケヌ　丈夫ナカラダヲモチ　慾ハナク　決シテ瞋ラズ
イツモシヅカニワラッテヰル　一日ニ玄米四合ト味噌ト少シノ野菜ヲタベ
（手帳　51―52頁）

アラユルコトヲ　ジブンヲカンジョウニ入レズニ　ヨクミキキシワカリ　ソシテワスレズ
野原ノ松ノ林ノ蔭ノ　小サナ萱ブキノ小屋ニヰテ　東ニ病気ノコドモアレバ　行ッテ看病シテヤリ
（同53―54頁）

西ニツカレタ母アレバ　行ッテソノ稲ノ束ヲ負ヒ　南ニ死ニサウナ人アレバ　行ッテコハガラナクテモイ、

トイヒ　北ニケンクワヤソショウガアレバ　ツマラナイカラヤメロトイヒ
（同55—56頁）

ヒドリノトキハナミダヲナガシ　サムサノナツハオロオロアルキ　ミンナニデクノボートヨバレ
（同57—58頁）

ホメラレモセズ　クニモサレズ　サウイフモノニ　ワタシハナリタイ

南無無辺行菩薩 南無上行菩薩　南無多宝如来　南無妙法蓮華経

南無釈迦牟尼仏　南無浄行菩薩　南無安立行菩薩
（同59—60頁）

（出典）宮沢賢治（最後の）手帳（［一九三一年］一一月三日付）

【問題9】コモンズの悲劇論

環境問題や南北問題あるいは人口問題の議論のなかで、「コモンズの悲劇」というたとえ話が話題になる場合がある。その議論の発端をつくったギャレット・ハーディンの議論はおよそ資料7・4のような事態を指すものだった。この種の議論の妥当性について、どのように考えたらいいだろうか。

資料7・4　ハーディンのコモンズの悲劇

だれでも自由に利用できる牧場（コモンズ）がある。合理的な存在として、各牧夫は自己の利得（gain）の極大化を追求し、自分の動物の群れのなかに一頭を追加する。その効用（utility）には、肯定的要素と否定的要素がある。

(1) 肯定的要素は、動物一頭を増やすことによって、牧夫は追加した動物の販売収入のすべてを受け取ることであり、肯定的効用はおよそ「プラス1」である。
(2) 否定的要素は、動物が増えたことによる牧草の過剰消費である。しかしその結果はすべての牧夫に共有されるのだから、特殊な決定〔動物一頭の追加〕を行なった牧夫に対する否定的な効用は「マイナス1」の一部分にしかすぎない。

合理的な牧夫は、自己にとって追求すべき唯一の道は、自分の動物の群れに一頭を増やすことだと結論づける。そしてこのことは、コモンズを共有するすべての合理的な牧夫が到達する結論である。それゆえに悲劇が起こる。各人は、無制限に自分の群れの動物を増やすように強制する、一つのシステムに閉じ込められる。すべての人間、つまりコモンズの自由を信じる社会において、自己の最高の利益を追求する人々が急き立てられてたどり着く目的地は〔牧草の枯渇による牧場の〕破滅であり、コモンズの自由はすべての人々に破滅をもたらす。

（出典）Hardin, Garrett, The Tragedy of the Commons（1968: 1243-1248）より要約

〔問題10〕生物多様性と人間多様性

環境を守るために「生物多様性 Biodiversity」という言葉がキーワードの一つになっている〔資料7・5〕。生物多様性には三つのレヴェルがあるとされるが、人間という種の遺伝子レヴェルでの多様性を前提にすると、多様性のある社会のメリットとして、どのようなことが考えられるだろうか。

資料7.5　生物多様性 Biodiversityとは何か

Biodiversity describes the variety of plants and animals that live on Earth. Scientists know surprisingly little about the range of biodiversity; they do not even know to the nearest order to magnitude how many species there are（current estimates vary from 5 million to 30 million or more）. But they do know that biodiversity is essential to life on Earth.

About 70 percent of the world's plant and animal species live in the humid tropics, mainly in the rain forests that cover about 7 percent of the Earth's surface.

The countries with the greatest numbers of species are Brazil, Colombia, and Indonesia.

These three, together with ten order priority countries（Australia, China, Ecuador, India, Malaysia, Madagascar, Mexico, Peru, Venezuela, and Zaire）, are thought to contain more than 60 percent of the world's species.

Biological diversity occurs on three levels: genetic, species, and ecosystem. On the most detailed level, genetic diversity includes the factors that enables individual organisms to differ from one other and to adapt to environmental change. Species diversity comprises large classes of organisms. Finally and most broadly, ecosystem diversity describes the species groups that live together in various habitats.

（出典）Biodiversity, in *The Environmental Source Book*（1992: 117-118）

2　卒業論文を書く

■学術論文とは

つづいて卒業論文である。普通は卒業論文といっているが、正式には学士の学位を得るための学位請求論文である。

これまでにも授業でレポートを書く機会はあったわけだが、卒業論文は基本的にはその延長にあると考えてよい。ただし、主題（テーマ）は与えられるのではなく自分自身で設定しなければならないし、文字数もレポートと比べれば格段に多く要求される。ということで、卒論をいきなり書くことは無理である。

前段階として、ふだんからアンテナを張りめぐらせて、情報を収集し、それを分類しておくことが必要となる。おもな情報源は**専門書**に限らず、**新聞**、**雑誌**、**インターネット**、TV、**ラジオ**、SNSなどになるだろうか。これらのメディアに接して気になる情報に出くわしたら、その内容と所在を大学ノートなどにきちんと記録に残しておく。日々の心がけが大切になる。

ちなみに、頭のなかに特定の問題意識や研究課題をもって日常を過ごしていると、向こうの方から情報が飛び込んでくるように感じられることがある。これはおそらく錯覚なのだが、「問題」をもつことで感覚が鋭敏になって、**情報収集能力**が磨かれるということかもしれない。頭の片隅で絶えず「問題」を考えている、というライフスタイルが重要である。

■スケジュールを立てる

いずれにしても、卒論は簡単には書けないので、完成までの見通しを改めてもつことが重要になる。

仮に提出期限が四年次の一二月二五日だとしよう。期限に間に合うためには一二月の初めには原稿をまとめておく必要がある。ここから逆算すると、書き上げるまでに二、三ヵ月は必要だと考えれば、九月中には書き始めなければならない。**資料の調査、収集、検討**はそれよりも前の段階で行なうが、やはり二、三ヵ月は必要だろう。ということで、遅くとも六月には卒論に向けて準備作業を始めなければならない。

この一連の過程でやはり重要なのは、**問題設定**である。問題がある程度はっきりとしていれば、それがエネルギーになって、たとえは悪いが猟犬が獲物を探すがごとく資料を集められるはずである。

■謎解きとしての論文

以上のような見通しを確認して、もう一度出発点に戻る。

そもそも論文というからには、何か新しい論点を提示しなければならない。未解決の問題に解答を与えるのが論文だ、といってもよい。そういった「**謎**」**を自分で設定する**ことが論文の出発点である。

その際、注意しておきたいことは、まず、期間が限定されているので、その期間に決着がつかないような問いはそもそも立てられないということである。これをやりたい、と思っても、時間の制約があるので、問題設定を変えるなり、限定するなりしておかないと、書き終えることができなくなるおそれがある。また、「自分探し」のような自分にかかわる「謎」を問題とすることはできれば避けたいところだ。生々しく自分を論じるのではなく、**客観的**、**一般的**なかたちで問いを立て直す必要がある。論じる**主体と**論じられる**対象の分離**を意識しておきたい。

もう一つ、特定の専門領域の枠内で問題設定する必要がある場合は、その分野での**概説的な文献**から問いを発展させるのもよいだろう。たとえば、既存の論点に対する疑問を問いとしたり、先行研究のあいだの対立的な論点を絞り込んで、打開の方法を探ることが考えられる。さらに、概念を鍛え直す、ということも問題提起となる。たとえば、パーソンズの社会体系論はあまりにも整然とした議論なので、第三者が口をはさむ余地は少ない。それに対して、マルクスの議論には謎がたくさんあり、その謎をめぐって対立点も多々あるので、それを整理して自分なりの解答を提出する、という問題設定もあり得るのである。

参考までに私のゼミに出席し、卒論を提出した学生の論文のなかから抜粋して題目を挙げておく（表7・2）。いずれも各自の関心に基づく研究であり、ほとんど何でもあり、といった状況だが、近年では先行研究があまり発表されていない情報、ゲーム関連の領域での論文も目につくようになってきた。

なお、「論文とは何か」に始まって論文作成の技法などは、斉藤孝・西岡達裕『学術論文の技法・新訂版』（2005）が、また図書館で実際に行なわれている調査方法は、高田高史編『図書館のプロが教える調査のツボ』（2009）が参考になる。

表7.2　卒業論文の題目（抜粋）

■ 1990年代
家庭機能の低下と養護施設
房総地域の伝説の背景――水と進行に関する社会学的考察
地域におけるコミュニケーションとインナーシティ問題
東京湾の埋め立て問題
大気汚染問題における行政と被害者
ラムサール条約と環境保全
個の確立と夫婦別姓――夫婦別姓の実現に向けて
男女共生を目指して
文学における差別表現
安全な農産物を求めて――有機農産物の生産・流通・消費のあり方から農産物の安全性を探る
テレビ番組制作の現在と未来

■ 2000年代以降
少年犯罪と暴力表現――暴力表現は少年犯罪の原因となるか
資本主義社会と向き合う――新しい社会システムの構想
社会的排除、包摂と今後の包摂策のあり方
世界政府の意義と実現性に関する考察
地方中小都市における衰退の現状と地域資源を生かした活性化方策
新幹線並行在来線問題について、開業の経緯から問題の解決策を探る
日本版コンパクトシティに向けて
都市部からの地方移住の流行背景とこれからの地方移住のあり方
自治体等による結婚支援事業の有用性を探る――千葉県内の聞き取り調査より
Instagramの流行原因から見るソーシャルメディアの展望
日本におけるeスポーツの発展の根本的阻害要因に関する考察――ゲームの意義とスポーツ的価値の側面から
You Tuberの多様化と展望
京都市と鎌倉市におけるオーバーツーリズムの対応
情報社会における日本文化の活用法について
「オタク」の社会的イメージの変化とその将来像
音楽社会政策が社会に与えた影響について
鉄町と鉄の関係について――神社、伝説の視点から考える

■資料の収集

主題が決まったら、関連する資料の収集である。たとえば、手っ取り早く国立情報学研究所のサイトCiNiiで**文献の検索**（雑誌論文、書籍、冊子等）をしてみよう（CiNii Articlesは日本の論文検索、CiNii Booksは大学図書館が所蔵する資料の検索ができる）。キーワードを入力すれば、関連文献の一覧をみることができる。

論文のファイルが公開されていれば、直接読むことができるだろう。タイトルしか掲載されていない場合は、大学の**図書館のレファレンス**に相談して、所蔵図書館にコピーを依頼することもできる。単行本は、各大学の「**オンライン蔵書目録**」（ＯＰＡＣ）で検索すれば、その大学で所蔵しているかどうかがわかる。もし所属する大学の図書館にない場合はレファレンスに相談してみよう。相互貸借の制度によって借り出しが可能である。またもう一つの方法として「国立国会図書館検索申込オンラインサービス」で検索し、そこを経由して、国会図書館に申し込むこともできる（大学図書館ではカウンターで申請することによって、国立国会図書館・図書館向けデジタル化資料送信サービスを利用できる）。

大学図書館に限らず、図書館のレファレンスは積極的に活用したい。カウンターで主題を具体的に話したり、電子メールで問い合わせると、「謎解き」の役に立ちそうな関連文献を調べてもらうことができる。場合によっては、「謎」が解けてしまうこともあり得るだろう。

自分で調べる場合には、国立国会図書館が集約する「**レファレンス協同データベース**」に全国の図書館での調査事例が収集されているので、キーワードを入力して検索すれば、利用者の質問と図書館の回答をみることができる。また、地域の情報を調べるには各都道府県の中央図書館のレファレンスに情報を照会することができるし、その図書館に寄せられた過去の質問とそれへの回答をみることもできる。

調べ方そのものを知りたい、自力で調べたものの情報が少ない気がする、と感じた場合は、国立国会図書館のリサーチ・ナビや、大学図書館のレファレンスを利用し、主題の探索範囲を広げたり深めたりする視点も忘れないようにしたい。

こうして手がかりとなる論文や書籍に行き着くことができたら、その「注」や巻末に掲載されている文献を調べてみる。そこにも参考文献が掲載されているはずで、こうして**芋づる式に文献をたどってい**くことができるのである。

■論点の整理

次に、収集した資料を読んで、その論点を整理していく段階に入る。ここでは資料を「読み込む」というよりも、中身を「調べる」という意識で取り組んだ方がよい。これには時間がかかる。大学ノート、情報カードに手書き、またはワードなどパソコンの各種ソフトを利用してさまざまな論点を抜き書きしていき、**論点を分類し類型化**してみる。そして**各論点相互の連関性や対立点**などを明確にしてみる。最終的に、各論点を**座標系**（たとえば時間軸や空間軸）**のなかに位置づける**ことができればしめたものである。その過程で当該主題に対して、未解決の問題にぶつかるかもしれない。ここから既存の枠を超え出て議論を発展させていく可能性を見出していく。ようやく自分の頭で考えて、解答を与える番である。

■論文の構成

ここまでの作業を終えたら、論文の構成を考えてみる。論文の基本的な構成は、

序論

本論

結論

注

参考文献一覧

である。

序論は、問題意識、問題関心を述べ、主題を提示する。あわせてどのような方法や手順で議論をすすめていくのかも明示する。この段階ではいきなり完全な内容は書けないので、暫定的な書き方でよい。

本論は、大きく二つの部分から組み立てられる。大雑把にいうと、まず、既存の論点の整理、つまり要約と自分なりの注釈であり、つづいて、それを踏まえた独自の議論の展開である。論文の核心はこの独自性を示すことであり、文献の単なる要約や批判だけでは、論文としての価値は薄い。なお、この本論は既存の論点の整理、問題点の抽出、自分なりの独自の解答、といった具合に段階的な論述になるはずで、それにあわせて第一章、第二章……と続く章立てを考えてみる必要がある。

結論は、本論を踏まえて、独自の論点を短く明快に示す。

注は、本文で書ききれなかった説明や議論を補足する役割がある。本文中に番号を振って、注原稿を書き加える。ワープロの脚注では、注を追加削除すると注番号が自動的に更新される。

最後は、**参考文献一覧**である。引用した文献だけでなく、直接引用はしていないが問題設定と重なり合う部分がある文献も提示しておく。注や参考文献の書き方は、日本社会学会のサイトにある**社会学評論スタイルガイドの注、文献**の項を参照するとよい（日本社会学会［1992］2018）。

本論の構成と内容に一定の見通しがついたら、序論に戻って、主題の限定を意識しながら構成に沿って下書きを並べ替え、自分独自の論述をすすめていく。この主題の限定がはっきりしないと、卒論を読む側としては安心できない。また学生本人にとっても、議論の行き先がはっきりとせず、まとまりがつかなくなるおそれがある。

こうして序論から本論へと書きすすめていくわけだが、書いていく過程で不十分と思われる箇所も出てくるだろう。その場合、その部分はとりあえず脇において先にすすみ、最後まで書き切った方がよいだろう。とりあえず、と軽い気持ちで最後まで行ったら、そこから戻って未解決の問題を再検討した方が、時間の使い方としては効率的である。

なお、論文全体の構成については、商業ベースで出版されている**単行本を見習ってはいけない**。こうした単行本は「売れ行き」を考えて「読みやすさ」に配慮し、手堅い構成や手堅い記述を避ける傾向があるからである。序論、本論、結論という構成が明確でない場合もあるし、結論と「あとがき」の区別がはっきりとしない著書も多い。

そうしたなかで、参考になる単行本を一冊挙げるとすれば、**富永健一『社会変動の理論』**（富永 1965）がよい手本を示している。これは富永の博士論文というが、内容はともかく、学位請求論文の代表的な構成になっている。ただし、巻末に参考文献一覧がないことは難点というべきだろう（なお、富永の議論はその後、『近代化の理論』〔1996〕へと発展していった)。いずれにしても、卒論をはじめとする学位請求論文は**手堅く書く**ことが基本であって、商業的出版物とは一線を画すべきなのである。

■改めて、論文とは

そもそも文章を書くという行為は**自己表現**の手段の一つである。自分で感じたこと、考えたことを他者に対してどのように伝えるか。絵を描くとか、詩を書いてそれにあわせて曲をつくる、といったことも表現手段の一つであり、文章を書くというのも、それと同等の手段である。

このような文脈からいえば、論文とは学問の研究成果を表現する手段ということになる。その場合まず、自分だけ納得するのではなく、他人に理解してもらえるように書かなければならない。そして理解を得るためには**論理的**でなければならない。いくつかの前提があって、そこからこのような結論を導くことができる、といった**道筋を意識して書く**ことが必要になる。

一つの文で主語と述語が対応していることはあたり前だが、書いているうちに主語が入れ替わって別のものになってしまう、などということもあるので、意識しておきたい。

一つの文を長くしないことにも注意を払っておきたい。これまた、他者に理解してもらうための配慮である。とはいえ、樋口一葉の作品、たとえば「たけくらべ」や「大つごもり」を読んで違和感がなければ、一文の文字数にこだわることはないかもしれない。

複数の文から構成される段落も、**一段落が長くならない**方がよい。長くても四百字から六百字以内で一段落とし、改行するとよい。とはいえ、一つの段落はそれ自体でまとまった意味をもつものなので、文字数はあくまでも目安であり、内容のまとまりが優先される。もちろん、一文での改行もあり得る。

内容には、**オリジナリティ**（知的創造）があることが重要である。「他者によるこれまでの研究成果がよくまとめられていますね」ということだと、個人のノートであって、論文とはいえない。これまでになかった新しい論点の発見が論文のもつ価値である。つまり論文とは「これまでだれもいっていない」ことの論証のうえに、「**自分の新発見**」**を書く**ものである。したがって何の発見もなければ、論文を書くことはできない。

しかし何か書かなければならない、という切羽詰まった状況におかれると、既存の論点の盗用が起こったりもする。論文に限らず、授業のレポートでも同様のことが起こり得る。いくつかの例を挙げてみよう。

わたしは日頃から、レポートを書く際には「**自分の論点と他人の論点を区別して書く**」「**参考文献があれば必ず挙げる**」ことを強調している。ところが他人（友人）が書いたレポートを借りてその内容を丸写ししたり、参考文献として挙げている文献の要約だったりするレポートもある。かなり以前の話だが、試験に代えてレポート提出にした際、４２０人分のレポートのなかから同一のレポートを発見したことがあった。該当する学生二名を呼んで事情を聞いたら、貸し借りがあったことをあっさりと認めた。

もう一つ、よくありそうなのが、文献の丸写しに近いレポートである（いわゆるコピペ）。鉛筆で線を引きながら文献を読む。もちろん重要だと思ったところだけに線を引くのだが、レポートを書く際に、その線を引いた部分を**引用文**とせずに書き写していく。以前、ある研究所の所長がこの手法によって他人の論文を盗用したとして問題になったことがあったが、まともな研究者と考えられていた人でもやってしまうことがあるのである。引用文は元の文献を挙げて、自分の文と区別しなければならない。

なお、日本学術振興会『科学の健全な発展のために』編集委員会編（2015）によると、研究不正行為として次の三つが挙げられている。

(1) 存在しないデータ、研究結果等を作成する**捏造**

(2) 研究資料・機器・過程を変更する操作を行い、データ、研究活動によって得られた結果等を真正でないものに加工する**改ざん**

(3) 他の研究者のアイデア、分析・解析方法、データ、研究結果、論文又は用語を当該研究者の了解又は適切な表示なく流用する**盗用**

この三点は公的な資金を使った研究活動にかかわって指摘されたものだが、研究全般にも当てはまる基本的なマナーである。いずれにしても、盗用するくらいならば、書かない方がよい。

■推敲と清書

一応、最後まで書き切ったら、少し寝かせておく。その間、この初稿は脇に置いて、頭のなかで全体の構成や足りない点、修正すべき点などを考えてみる。おそらく何かに気がつくだろう。そのうえで、初稿を印刷して、表現の妥当性、論理の整合性、無駄な論述はないか、説明が足りない部分はないか、など、不十分なところを紙に赤ペンで書き加え、ワープロで初稿を修正していく。そうしてできた第二稿も印刷して再度推敲する。この段階でも訂正箇所が多ければ、修正後再度印刷して、三回目の推敲を行なう。そして時間的な余裕があれば、先生や友人に読んでもらって、その意見を検討し、最終原稿を確定させる。

最終原稿は全文を印刷して、誤字脱字や表現の不十分な点、注や文献の誤記や脱落などをチェックする。要するに、**校正**と呼ばれる作業である。この作業は一度では終わらないかもしれない。二度、三度と繰り返すことも想定しておきたい。ちなみにわたしの場合、二万字（A4判20枚）くらいの小論でも、最終稿から印刷―赤ペン―印刷―赤ペンの作業を四～五回行なっている。それでも気に入らないことが多い、というのが実情である。

■印刷と製本

それが済んだら、ページづけをして目次をつくる。これでひとまず完成である。提出期限の十日前、一二月一五日前後にはここまで到達したい。

そこから印刷と製本の作業に入る。印刷は提出用、自分用、予備に分けられるが、それぞれ何部必要なのか、あらかじめ調べておく。製本の体裁も大学あるいは学部に規定があるので、それを踏まえて行なう。基本的には、簡易製本が望ましいところである。業者（大学生協や文房具店など）に依頼すれば二～三日必要になるかもしれない。もし大学の研究室や図書館に簡易製本機があればそれを利用したい。最後に、表紙にタイトルなど必要事項を記載して本当の卒論完成である。締切は仮に一二月二五日としたが、受付窓口となる大学事務室にそれよりも前に提出しても構わない。なお、紙の印刷と製本ではなく、電子データ送信で提出する大学もある。

■卒論発表会

提出された卒論は事務室から卒論指導教授のところに回る。それを受け取って、指導教授は、論文の体裁や形式の妥当性、論述の整合性、そして何よりも第一に提示されている論点の妥当性を検討していく。もちろん、疑問の箇所があれば学生に質問しようとするだろう。これが準備段階で、つづいて審査の段階に移る。卒論提出者を一人一人、個別に審査する指導教授もいるかもしれないが、多くは**ゼミ単位での卒論発表会**の形式をとる。仮にゼミのなかで卒論提出者が10人いたとすれば、一人当たりの発表時間に多くはかけられない。発表時間は20分、質疑応答10分、というように時間配分が設定されるだろう。この場合でも、休憩時間を含めると6時間程度は必要となる。

発表者はあらかじめ要約資料を用意し、それに基づいて自分が提示した論点を明確に説明しなければならない。あわせて、本文では書けなかった問題設定に至った経緯（**問題意識**）などにも触れておくと、聞き手の理解も深まるだろう。いずれにしても、発表する側の心構えとしては、自分が提起した論点を相手にいかにして納得させるか、が重要であり、理解が不十分な質問には説明を尽くし、安易な妥協は避ける覚悟をしなければならない。

こうして発表を終えたら、その後の評価は「勝手に決めてね」ということで、おまかせでいい。

3　学問することの意味

こうして卒論は完成する。この九ヵ月近く、一つのテーマに集中して取り組んで、ついに目的を達成することができた。その充実感を味わうことにしよう。そして研究することは意外に楽しいな、このまもっと研究をつづけたい、という気持ちも沸き起こってくるかもしれない。だが、卒業なのである。これから実社会に出る。さらば大学、さらば研究なのである。もっと早く研究に目覚めておけば、という後悔も残る。

だが研究に取り組んで、その結果を一定の成果としてまとめたという経験は、実社会に出ても役に立つ。少し誇張していえば、卒論で設定したテーマをつうじて、いまある**人間や社会がどのような時間軸や空間軸にあるのかを見定める**ことができる。その結果、何事があっても落ち着いていられるのである。

モーツァルトのオペラに「コジ・ファン・トゥッテ」（女はみなこうしたもの）という作品がある。一七八九年から一七九〇年にかけて作曲され、九〇年一月二六日にウィーンで初演された。オペラの舞台はナポリで、登場人物は年頃の姉妹とそれぞれの恋人（いずれも軍人）、そして姉妹の家の女中と出入りの哲学者である。二人の軍人に、「女は心変わりするか」と哲学者が賭けをもちかける。二人の軍人は「心変わりするはずはない」といい、哲学者は「心変わりする」という。実際のところはどうか。二人の軍人は変装して別人として姉妹にいい寄る。結果は、姉妹はともに心変わりしてしまい、結婚式の準備にまで至るのだが、種明かしされて「よくも騙したな」と大混乱に陥る。

ところがこのオペラでは、賭けの結末はどこかに吹き飛んでしまい、最後は登場人物六人の六重唱で終わる。その歌詞を意訳すると次のようになる。「理性的に物事を考えられるのなら、大混乱のなかでも、冷静に落ち着いて過ごせる」。一七八九年にパリでは革命が起こる。ウィーンでもその混乱は伝えられていただろう。この作品の制作過程で、モーツァルトも、脚本を書いたロレンツォ・ダ・ポンテもそういった社会情勢を意識していたに違いない。この六重唱を聴くたびに、社会の混乱のなかで、人はどうあるべきかを語っているように思えるのである。

理性的とは理論的ということでもあるだろう。時間軸と空間軸がはっきりと位置づけられていれば、多少の混乱に動じることなく、冷静な判断ができるのである。これこそが学問することの意味である。

［問題8］　欲望を捨てる利他主義

宮沢賢治の愛読者には、吉田司『宮沢賢治殺人事件』（文春文庫 2002）を推薦する。理想化された虚像を離れ、斎藤宗次郎と内村鑑三の書簡や著作を手がかりにしたい。

［問題9］　コモンズの悲劇

このたとえ話は、フリードリヒ・エンゲルスの次の記述の焼き直しといえないだろうか。

「キューバに入植したスペインの移民たち、――彼らは山腹の森林を焼きはらって、その灰から儲けの多いコーヒーの木の一代に施肥するだけの肥料を得たのであるが、やがて熱帯の豪雨がいまは保護もなくなった肥沃土を洗いながし、裸の岩ばかりをあとに残すことになったとしても、彼らにとってどういうさしつかえがあったというのだろうか？」（Engels, Friedrich, *Dialektik der Natur*, 1873-86. =1968 大内兵衛・細川嘉六監訳「自然の弁証法」『マルクス・エンゲルス全集』第20巻 大月書店 494頁）

こうした政治経済史的分析のほかに、社会的ジレンマ論・ゲーム理論については、井上孝夫『現代環境問題論』（東信堂 2001）第Ⅱ部を参照。

［問題10］　生物多様性と人間多様性

企業の人事などにかかわって「ダイバーシティ」という言葉が頻繁に聞かれるようになってきた。その根底にはやはり生物多様性からの示唆があるのだろう。

付記　卒業試験問題のヒント

［問題 1］　地球温暖化という未来予測

地球温暖化に代わって気候変動といわれることが多くなった。この呼び方の変化に注意して、その意味するところを考えてみたい。とりあえず、次の 2 つの著作物を比較してはどうか。

①文部科学省・気象庁『日本の気候変動 2020 ――大気と陸・海洋に関する観測・予測評価報告書』https://www.data.jma.go.jp/cpdinfo/ccj/index.html
②広瀬隆『二酸化炭素温暖化説の崩壊』（集英社新書 2010）

［問題 2］　環境破壊と人類の滅亡

五島勉『ノストラダムスの大予言』（祥伝社 1973）が有名であるが、この問題は人間の心理状態にかかわるものだろう。そこで、菊地聡『超常現象の心理学――人はなぜオカルトにひかれるのか』（平凡社新書 1999）を推薦する。

［問題 3］　南北問題と環境破壊

南の国々は自国の開発のために北の国々からの借金漬けになっている。そこに核心的な問題がある。日本の ODA（政府開発援助）や、バナナ・エビと日本人の食を調べてみよう。

［問題 4］　みんなのものを守る法

海、川、大気などの対象ごとに、日本社会で現実に採用されている資源管理や汚染防止の制度について調べてみよう。

［問題 5］　ゴミ出しのルールを守らない人への対処法

各地の事例を調べてみたい。たとえば、東京都品川区の場合はどうか。

［問題 6］　住民運動とパターナリズム

住民運動における「資源」「部門」が何を指すかを調べ、「パターナリズム」に適切な訳語をあててみよう。運動論については原子力船「むつ」の母港化問題を扱った、中村亮嗣『ぼくの町に原子力船がきた』（岩波新書 1977）が興味深い。

［問題 7］　環境保全と欲望の抑制の意味

以前、この問題をレポートの課題として出した時、インターネットの検索に「吉岡忍」「コーヒー」と入れて元の記事にたどり着き、答えを書いた学生がいた。丸写しの解答は不可。まず、自分の頭で考えてみたい。

あとがき

本書で取り扱った授業の事例は、おもに二一世紀の最初の十年ほどのあいだに行なったものである。この期間は二〇〇四年四月に始まる「国立大学の法人化」の前後の時期であり、大学をめぐって何かと世間が騒がしかった。そうしたなかにあって、大学の授業のあり方について自分なりの考えをまとめておこうと思ったのである。

自学自修という大学の原則を確認し、そこから派生してくることがらについてまとめることになったわけだが、そこにはもちろん、授業をつうじて学生から学んだことも含まれている。

本書は社会学というよりは「社会学教育法」といった領域に属する内容かもしれない。大学生には、こういった考えで授業を行なっている教師がいる、ということを理解してもらえればと思う。また高校生や高校の先生には、大学の授業を意識しながら高校の授業のあり方について改めて考えてもらうきっかけになればと思う。

それにしても、大学受験の優等生が大学に入学したとたんに目標を見失って不登校になったり、進路変更を考え出したりするのはどうしてなのだろうか。過日、栃木県足利市の史跡・足利学校を訪問したおり、一つの示唆を得た。復元された建物の一部は展示室になっていて、その一番奥に「宥坐之器《ゆうざのき》」がある。『荀子』宥座篇の記述に基づいて、実際に制作された器である。「宥坐之器」とは水を入れる容器のことで、空にしていたら用をなさないし、水を満杯まで注げばひっくり返ってこれまた用をなさない。その中間ではじめて用をなす、というわけである。

何事も目一杯やっていると、あとはひっくり返るだけだ、という故事である。高校での学修がほとんど受験勉強に還元されるようになると、その先はみえなくなって同じようなことになるのではないか。第1章で触れたA君にはこの「宥坐之器」という言葉を贈りたいと思う。

最後に、本書の出版には新曜社の小田亜佐子さんにお世話になった。記して感謝の意を表したい。

二〇二一年三月

井上　孝夫

人名索引

あ行　青木一　81-82
青木雄二　167
安部司　95
荒川洋治　57-58, 82
粟井郁雄　45
安藤英治　116
池田清彦　151-152, 162
磯田道史　108
磯村英一　53
ウェーバー，M.　16, 82, 116, 161
宇田光　81
内田樹　68-69, 78
内田百閒　108
内田義彦　15, 162
大井紘　170-171, 173
大礒正美　3, 48, 78
大塚久雄　15-16, 82
大西健夫　114
岡崎次郎　16
奥村宏　169
尾島茂樹　54

か行　鎌田慧　3
河上肇　142
川島武宜　15
北川隆吉　168
北原勇　169
ギデンズ，A.　119
グールドナー，A. W.　119-120
呉智英　17
黒瀬圭子　154-155
ゴッフマン，A.　40

さ行　斎藤宗次郎　177-178
斉藤孝　184
サラモン, L.　175-176
沢史生　153, 162
篠原一　116
島田博司　52
ジンメル，G.　16, 120
スメルサー，N.　120
ナンシー関　88-89

た行　高田高史　184
竹原慎二　80
田村明　116
タルド，G.　59, 67
チョムスキー，N.　10
鶴見俊輔　46
デュルケーム，E.　16, 120
テンニエス，F.　16
トゥーレーヌ，A.　120
富永健一　189-190

な行　中野憲志　68
中村静治　4
南部鶴彦　144
西岡達裕　184
西部邁　80
西山忠範　169
二宮金次郎　26
ノイマン，J.　63

は行　パーソンズ，T.　27, 73, 82, 120, 139, 184
ハーディン，G.　179-180
濱島朗　168
原武史　135
日垣隆　104
平野秀秋　168
広西元信　167
フォレスター，J.W.　117-118
藤澤伸介　105-106, 109
フロム，E.　49, 67

ま行　松尾貴史　88, 90
マッツァリーノ，パオロ　17, 80
マルクス，K.　2, 8, 16, 27, 82, 90, 93–94, 141-142, 166, 184
丸谷才一　162
丸山眞男　15
マンハイム，K.　119-120
宮沢賢治　177-179
宮本憲一　116
モーツァルト　195
森嶋通夫　72

や～わ行　山本泰次郎　178
吉岡忍　176-177
リースマン，D.　52, 67
若尾五雄　150-152, 162

事項索引

あ行
暗記　104-106
一般教養科目　9-11
演習（ゼミナール，ゼミ）
　—型の利点と課題　132-135
　—の一般的形式　113-114
　—の開放性　120, 135
　—の 10 テーマ別題目　130-131
　講読型—　115-121
　個人研究型—　128-132
　調査型—　121-127
教え過ぎ　48-49
おもしろさ，意外性，楽しさ　42-45, 76, 78-79, 120

か行
開放された空間　54, 120
学術論文の書き方（技法）　182, 184, 190-192
学生の自己評価　64-65, 72-79
学生の授業評価　1-3, 69-70
学生はお客様　67-69
学問　7-8, 194-196
　総合的で基礎的な—　138-139, 163, 170
型（形式）と本質　92, 149, 151-156, 162-163
河童伝説(河童は渦巻)　150-156, 162
環境リベラルアーツ　170-171, 173
規制と自由の対立　143-149
期末試験　31-32, 61-65, 88-90
教育実習の授業例（中学地理，小学理科）　92-103
教材（の開発）　81-82, 108, 110
経済／経済合理性／経済問題　26, 82, 140, 163-164, 169
ゲーム理論　63
研究不正行為（捏造，改ざん，盗用）　192
行為理論　82, 139-140, 162-163
高校の授業例　92-96
構造主義科学論　151-152, 162
構造と変動　164-166, 168-169
個人と社会　21, 86-87
ごまかし勉強　105-109
ゴミ出しのルール　175, 197
コモンズの悲劇　179-180, 196

さ行
サド・マゾヒズム的性格　49, 52
３Ｃ時代　128, 134
自学自修（の原則）　3, 14, 35-36, 40-41, 47-49, 79
　—型の授業(の成果)　56-67, 72-79
試験問題　30, 32, 62, 85, 88-91, 173-181
　—の答案／解答(例)　23-24, 30-32, 85-91
私語　51-52
思考の拒否　91-96, 103-108
思考力　4, 84, 170
指導　28, 36, 41-42
自分の頭で考える　51, 57, 85, 96, 173
資本制社会／資本と労働　164-169
『資本論』2, 16, 93-94, 141, 166-167
社会科／社会科学／社会学　23, 85-86
社会学演習　113-135
「社会学概論」講義　21-37, 57-63, 84-91, 107-108
社会学的思考力　92, 107, 170
社会学の独自性　73, 76, 82, 85-86, 89, 138-142, 163
社会現象の本質を見抜く　141, 149, 163, 170-171
社会の総体把握　169-171
社会変動　165-166, 169, 171
主意主義的視点　4, 26, 73-74, 82, 86, 89-90, 139-140, 163
集団(家族，村落，都市，企業，労働組

合，国家） 21-22
住民運動 175-176, 197
授業 1-5
—アンケート 32-45
—のサクラ 54-55
—の精神的態度 55-56, 84
—の流れ 28, 39-41, 53, 65-66
死んだ— 98-104
説明的—と討論的— 50-54
受験競争の教育／態度 48-49, 105-106
出席（率） 28-29, 38, 52, 64, 91
小中高校教員の聴講レポート 110-112
情報過剰 48, 58, 80-81
情報／資料の収集 182, 186-187
食品偽装問題 93-96
シラバス 26, 34-35, 68-69
人類滅亡の予言 173-174, 197
すべてを疑え 44
成績の規定要因 38-41
成績評価 32-33, 64-66, 70-71
製鉄文化 111-112, 126-127
制度の背後 142-148
生物多様性と人間多様性 180-181, 196
1930 年代の資本主義 73, 82
専門科目 9-11
卒業試験 172-181
—問題のヒント 196-197
卒業論文（準備から発表会まで） 182-194
—の題目 185

た行
大学設置基準 1, 9-10, 79
大学の死(危険な誘惑，自殺行為) 67-71, 109-110
大学の授業 1-5, 21-137
—の基本 47-49
大学の大衆化 67-68
大学の単位制 10, 48, 79
大学ノート 24-25
大衆社会論 68, 169
武久川住民意識調査 26, 122-125, 135-137
地球温暖化 28, 173, 197
知識偏重／疎外された知識 4, 171
知的創造 14, 20, 191
中間試験 29-30, 85-87
抽象化／理論化 22, 43
テキスト 2, 10, 27, 39, 57-58, 88- 89, 113-121
図書館 18-19, 184, 186-187

な行
謎解き 183-184
南北問題（エビやバナナ） 174, 197
二重の視点 141-142, 149
ノートの取り方 24-25, 36-39

は行
プールの利用 143-149
フレーム（枠組み） 40-41, 59, 78-79, 83, 84
分業と所有形態 165, 168-169
平均点 31-32, 61-65
本を読む 14-15

ま行
マナー（関西大学） 42, 45
学び 68-69, 78-79, 121
水環境(調査) 88, 122-127
みんなのもの 174-175, 197

や行
欲望の抑制 176-177, 197

ら行
ライヴ感覚 56, 81, 104, 107, 110
利他主義 177-178, 196
歴史的現実 158, 162-163
レポート課題／提出 12-13, 27-28, 59-60, 64-65, 72, 76-79, 143-148

参考文献

安部司 2005『食品の裏側——みんな大好きな食品添加物』東洋経済新報社
安藤英治 1965『マックス・ウェーバー研究——エートス問題としての方法論』未来社
青木一　2010「達人に学ぶ授業の4力（よぢから）」千葉市教育センター・千葉大学『読本　達人に学ぶ授業力』千葉市教育センター : 7-55.
青木雄二 2001『青木雄二のナニワ資本論』朝日文庫
荒川洋治 2007「日本全国8時です」談話　TBSラジオ2007年4月10日放送
Biodiversity, 1992, in *The Environmental Source Book*, The Lyons Press: 117-118.
Durkheim, Émile, 1893, *De la division du travail social.*=［1971］2017 田原音和訳『社会分業論』ちくま学芸文庫
Durkheim, Émile, 1895, *Les règles de la méthode sociologique.* =1978 宮島喬訳『社会学的方法の規準』岩波文庫
Durkheim, Émile, 1897, *Le suicide.*=［1968］2018 宮島喬訳『自殺論』中公文庫
Forrester, John W., 1969, *Urban Dynamics.*=1970 小玉陽一訳『アーバン・ダイナミックス——都市のシステム構造と動的挙動モデル』日本経営出版会
Fromm, Erich, 1941, *Escape from Freedom.*=［1951］1965　日高六郎訳『自由からの逃走　新版』東京創元社
藤澤伸介 2002『ごまかし勉強・上——学力低下を助長するシステム』新曜社
Giddens, Anthony, 1974, *The Class Structure of the Advanced Societies.*=1977 市川統洋訳『先進社会の階級構造』みすず書房
Goffman, Erving, 1959, *The Presentation of Self in Everyday Life.*=1974 石黒毅訳『行為と演技——日常生活における自己呈示』誠信書房

Gouldner, Alvin W., 1970, *Coming Crisis of Western Sociology*.=1978 岡田直之ほか訳『社会学の再生を求めて』合本版　新曜社
濱島朗 1975a「序論」濱島朗編『社会学講座２　社会学理論』東京大学出版会 : 1-12.
濱島朗 1975b「産業化と階級・階層問題」濱島朗編『社会学講座２　社会学理論』東京大学出版会 : 51-128.
濱島朗編 1964『現代社会学講座１　体制の社会学』有斐閣
原武史 2019「教員の思想信条を疑え！少人数制ゼミのカルト教団化に気をつけよう」『AERA.DOT』2019.5.2. 配信　https://dot.asahi.com/dot/2019042500068.html?page=1
Hardin, Garrett., 1968, The Tragedy of the Commons, *Science*, 162: 1243-1248.=1993 京都生命倫理研究会訳「共有地の悲劇」シュレーダー／フレチェット編『環境の倫理　下』晃洋書房 : 445–470.
日垣隆 2001『情報系　これがニュースだ』文春文庫
平野秀秋 1975「分業と社会体制」濱島朗編『社会学講座２　社会学理論』東京大学出版会 : 129-163.
広西元信［1966］2002『資本論の誤訳』国分幸編・解説 こぶし文庫
池田清彦［1990］1998『構造主義科学論の冒険』講談社学術文庫
井上孝夫 1993「武久川水系の環境汚染問題調査の目的と課題」下関市立大学井上ゼミナール編『武久川水系環境汚染問題調査報告書』:1-3.
井上孝夫 2001『現代環境問題論――理論と方法の再定置のために』東信堂
井上孝夫 2002a「民俗社会学の視点――若尾民俗学の検討をつうじて」『千葉大学教育学部研究紀要』50: 189-201.
井上孝夫 2002b「二〇〇一年度の社会学概論を振り返って」『環境社会学研究』９　千葉大学教育学部社会学研究室 : 23-33.
井上孝夫 2007「『社会学概論』の形式と課題」『千葉大学教育学部研究紀要』55 巻：209-216.
井上孝夫 2008「『社会学概論』の方法」『千葉大学教育学部研究紀要』56 巻：231-241.
井上孝夫 2009「『社会学演習』の方法」『千葉大学教育学部研究紀要』57 巻：195-202.

井上孝夫 2010「社会学的思考の形成とその阻害要因」『千葉大学教育学部研究紀要』58巻：247-255.
井上孝夫 2017「社会学の独自性をめぐって」『千葉大学教育学部研究紀要』66巻1号：293-302.
井上孝夫 2018『金属伝説で日本を読む』東信堂
井上孝夫編 1995『千葉県の水環境調査――高滝ダム・谷津干潟・都川』千葉大学教育学部社会学研究室
井上孝夫編 1997『房総製鉄伝承の基礎研究』千葉大学教育学部社会学研究室
磯田道史 2009「この人，この言葉――内田百閒」『朝日新聞』2009.7.18.
磯村英一 1981『人生社会学20の章』毎日新聞社
鎌田慧 1977『工場と記録――ルポルタージュを生きる』晶文社
川島武宜 1967『日本人の法意識』岩波新書
北川隆吉 1965「労働社会学の当面する課題」北川隆吉編『労働社会学入門』有斐閣：1-16.
北原勇 1984『現代資本主義における所有と決定』現代資本主義分析3 岩波書店
呉智英［1981］1996『封建主義者かく語りき』双葉文庫
黒瀬圭子監修 1989『勝山あれこれ』下関市・勝山村合併50周年記念実行委員会
Mannheim, Karl, 1929, *Ideologie und Utopie.*=1968 鈴木二郎訳『イデオロギーとユートピア』未来社
丸谷才一 1999『思考のレッスン』文藝春秋
丸山眞男 1961『日本の思想』岩波新書
Marx, Karl, 1867=1890, *Das Kapital,* Bd.1=1972 岡崎次郎訳『資本論』①②③ 大月書店国民文庫
松下圭一ほか 1972『岩波講座現代都市政策1　都市政策の基礎』岩波書店
マッツァリーノ，パオロ［2004］2007『反社会学講座』ちくま文庫
マッツァリーノ，パオロ 2007『つっこみ力』ちくま新書
宮本憲一 1977『財政改革――生活権と自治権の財政学』現代都市政策叢書　岩波書店

宮沢賢治［1931］1934「雨ニモマケズ」=1996 小倉豊文『宮沢賢治「雨ニモマケズ手帳」研究』筑摩書房　所収
森嶋通夫 1985『学校・学歴・人生――私の教育提言』岩波ジュニア新書
中村静治 1985『生産様式の理論――現代経済学批判』青木書店
中野憲志 2007『大学を解体せよ――人間の未来を奪われないために』現代書館
南部鶴彦 1998「『安全な社会』の経済的帰結」『経済セミナー』12月号 :6-7.
日本学術振興会『科学の健全な発展のために』編集委員会編 2015『科学の健全な発展のために――誠実な科学者の心得』丸善出版 https://www.jsps.go.jp/j-kousei/data/rinri.pdf
日本語倶楽部 1993『［語源］の謎にこだわる本』雄鶏社
日本社会学会［1992］2018『社会学評論スタイルガイド』第3版 https://jss-sociology.org/bulletin/guide/
西部邁 1989『新・学問論』講談社現代新書
西山忠範 1980『支配構造論――日本資本主義の崩壊』文眞堂
尾島茂樹 2000「学生学生問先生先生先生」*『法窓』19 金沢大学法律相談所
奥村宏［1975］2005『最新版　法人資本主義の構造』岩波現代文庫
大井紘 2002「環境リベラルアーツへの構想」『コミュニティ振興研究』２: 1-16.
大礒正美 1996『「大学」は、ご臨終。』徳間書店
大西健夫編 1981『現代のドイツ――大学と研究』三修社
小樽商科大学教育開発センター 2003「授業評価の観点」『小樽商科大学学報』291.
大塚久雄 1966『社会科学の方法』岩波新書
大塚久雄 1976『社会科学における人間』岩波新書
Parsons, Talcott, 1937, *The Structure of Social Action*. =1976-89 稲上毅・厚東洋輔・溝部明男訳『社会的行為の構造』（全５分冊）木鐸社
Parsons, Talcott and Smelser, Neil. J., 1956, *Economy and Society*.=1958 富永健一訳『経済と社会』I・II　岩波書店
Riesman, David, 1950, *The Lonely Crowd: A Study of the Changing*

American Character.=［1964］2013 加藤秀俊訳『孤独な群衆』上・下 みすず書房
斉藤孝・西岡達裕 2005『学術論文の技法・新訂版』日本エディタースクール出版部
沢史生 1987『闇の日本史——河童鎮魂』彩流社
ナンシー関［1994］1997『信仰の現場——すっとこどっこいにヨロシク』角川文庫
島田博司 2001『大学授業の生態誌——「要領よく」生きようとする学生』玉川大学出版部
篠原一 1977『市民参加』現代都市政策叢書　岩波書店
Simmel, Georg, 1890, *Über sociale Differenzierung: Soziologische und psychologische Untersuchungen.*=1968 石川晃弘・鈴木春男訳「社会的分化論」(『世界の名著47・デュルケーム・ジンメル』中央公論社)
Simmel, Georg, 1917, *Grundfragen der Soziologie.*=1979 清水幾太郎訳『社会学の根本問題』岩波文庫
高田高史編 2009『図書館のプロが伝える調査のツボ』柏書房
高橋裕ほか 1973『岩波講座現代都市政策6　都市と公害・災害』岩波書店
竹原慎二 2000『竹原スタイル——奇跡を起こす人となれ』河出書房新社
田村明 1977『都市を計画する』現代都市政策叢書　岩波書店
Tarde, Gabriel, 1890, *Les lois de l'imitation, Etude sociologique.*=［2007］2016 池田祥英・村澤真保呂訳『模倣の法則』河出書房新社
富永健一 1965『社会変動の理論——経済社会学的研究』岩波書店
富永健一 1996『近代化の理論——近代化における西洋と東洋』講談社学術文庫
Tönnies, Ferdinand, 1897, *Gemeinschaft und Gesellschaft.*=1957 杉之原寿一訳『ゲマインシャフトとゲゼルシャフト』上・下 岩波文庫
Touraine, Alain, 1965, *Sociologie de l'action.*=1974 大久保敏彦ほか訳『行動の社会学』合同出版
鶴見俊輔・佐高信 1997「『民間学』のすすめ（下）」『三省堂ぶっくれっと』126: 12-25.

内田百閒 1942「忘却」=2003『百鬼園先生言行録』（内田百閒集成 7）ちくま文庫 : 237-251.
内田樹［2007］2009『下流志向――学ばない子どもたち　働かない若者たち』講談社文庫
内田義彦 1971『社会認識の歩み』岩波新書
内田義彦 1974『社会科学への散策』岩波書店
内田義彦 1985『読書と社会科学』岩波新書
宇田光 2005『大学講義の改革――ＢＲＤ（当日レポート方式）の提案』北大路書房
若尾五雄 1989『河童の荒魂――河童は渦巻である』堺屋図書
渡辺洋三・長谷川正安・片岡昇・清水誠編 1976『現代日本法史』岩波新書
Weber, Max, 1904, *Die "Objectivität" sozialwissenschaftlicher und sozialpolitischer Erkenntnis*. =1998 富永祐治・立野保男訳　折原浩補訳『社会科学と社会政策にかかわる認識の「客観性」』岩波文庫
Weber, Max, 1905, *Die protestantische Ethik und der 'Geist' des Kapitalismus*.=1989 大塚久雄訳『プロテスタンティズムの倫理と資本主義の精神』岩波文庫
山本泰次郎 1981『内村鑑三とひとりの弟子――斉藤宗次郎あての書簡による』教文館

＊尾島茂樹の論稿は「ガクセイ　ガクナマニシテ　センセイニトエバ　センセイマズナマナリ」と読む

著者紹介

井上　孝夫（いのうえ　たかお）

1957 年生まれ
法政大学大学院社会科学研究科社会学専攻博士課程修了（博士（社会学））
下関市立大学経済学部を経て，現在，千葉大学教育学部教授
主著
『白神山地と青秋林道――地域開発と環境保全の社会学』東信堂 1996 年
『白神山地の入山規制を考える』緑風出版 1997 年
『現代環境問題論――理論と方法の再定置のために』東信堂 2001 年
『房総の伝説を「鉄」で読む』千葉日報社 2008 年
『金属伝説で日本を読む』東信堂 2018 年
編著
『環境社会学研究』（千葉大学教育学部社会学研究室編）第 1 集（1994）～第 28 集（2021），刊行中
最新論稿
「最新判例批評(39)　土地改良区が河川法 23 条の許可に基づいて取水した水が流れる水路への第三者の排水により当該水路の流水についての当該土地改良区の排他的管理権が侵害されたとした原審の判断に違法があるとされた事例［最高裁令 1.7.18 一小法廷判決］」『判例時報』2461 号 2021 年

新曜社

社会学的思考力
大学の授業で学んでほしいこと

初版第 1 刷発行　2021 年 5 月 5 日

著　者　井上　孝夫
発行者　塩浦　暲
発行所　株式会社　新曜社
101-0051　東京都千代田区神田神保町 3-9
電話 03（3264）4973（代）・FAX03（3239）2958
Email: info@shin-yo-sha.co.jp
URL: https://www.shin-yo-sha.co.jp
印刷製本　中央精版印刷

ISBN978-4-7885-1726-4 C1036